好习惯

12招教孩子自律而独立

孙云晓 著

浙江文艺出版社
Zhejiang Literature & Art Publishing House

图书在版编目(CIP)数据

好习惯:12招教孩子自律而独立 / 孙云晓著. —杭州:浙江文艺出版社,2021.1(2023.12重印)
(孙云晓家庭教育精品课)
ISBN 978-7-5339-6260-9

Ⅰ.①好… Ⅱ.①孙… Ⅲ.①儿童教育—家庭教育 Ⅳ.①G78

中国版本图书馆CIP数据核字(2020)第200127号

策 划 人 李明华 王晓乐
责任编辑 何晓博 陆秋霞
责任校对 陈 玲
责任印制 吴春娟
装帧设计 RECNS
营销编辑 赵颖萱

好习惯:12招教孩子自律而独立

孙云晓 著

出版发行 浙江文艺出版社
地　　址 杭州市体育场路347号
邮　　编 310006
电　　话 0571-85176953(总编办)
　　　　 0571-85152727(市场部)
制　　版 杭州兴邦电子印务有限公司
印　　刷 浙江新华数码印务有限公司
开　　本 710毫米×1000毫米 1/16
字　　数 120千字
印　　张 10.75
插　　页 2
版　　次 2021年1月第1版
印　　次 2023年12月第3次印刷
书　　号 ISBN 978-7-5339-6260-9
定　　价 35.00元

序　言

记住家庭教育的三个关键词

自1973年至今，我已经做了四十七年的儿童教育工作。之所以越来越关注家庭教育，既因为这是一切教育的源头，更因为千家万户的需求日趋强烈。

我曾多次应中国青少年研究中心邀请，为家庭教育指导师培训班讲课，令我意外的是，有些学员根本不是为了做指导师，而只是想学会怎样做一个好父母。还有些年轻父母跃跃欲试，想去读心理学的硕士和博士，以为掌握了专业知识，教育孩子就会得心应手了。我在南方一所小学发现，该校共有博士父母上百人，但他们中的许多人也为教育孩子倍感困扰呢。这或许说明，孩子的发展既千差万别又千头万绪，单靠高学历或某项专业资格未必能够胜任父母之责，教育好孩子需要科学的教育理念和丰富的实践经验。

这样说似乎有些玄妙，还是分享一个刻骨铭心的亲身经历吧。

我一直确信，自己资质平凡，而且生活在一个普通的工人家庭，十一岁前很少看课外书，可谓先天不足。在我十一岁那年，也是“文化大革命”最疯狂的那个冬天，十五岁的哥哥从工厂将要毁掉的一地图书里挑出来了几本文学名著带回家。谁也没想到，这几本文学名著改变了我的命运。我痴迷地阅读，享受着美的震撼，心中萌发了强烈的感受：文学太迷人了！作家太伟大了！我要看更多的书，我也要成为一个作家！在那个至暗时刻，我不仅养成了阅读的习惯，而且有了文学梦，这成为我一生最为重要的转折点。习惯与梦想的力量是惊人的。我一边阅读一边写作，自十五岁开始写日记，至今已经坚持了整整五十年。后来，我真的成为一名作家，发表了许多报告文学作品和五部长篇小说，多次荣获国家级大奖。

更让我欣慰的是，我的阅读与写作习惯深深影响了80后女儿的发展。从小学、初中到高中，女儿都没有上过重点学校，也很少进课外补习班。可是，因为她从小养成了阅读与写作的习惯，并且坚持做学生记者，发表过多篇作品，确立了长大当一名记者的职业理想。大学毕业后，女儿如愿以偿成为国家媒体的记者，因为成绩突出，被国家派驻外国做记者多年。

其实，每一个孩子的发展都具有无限可能。遇见文学的少年妙不可言，养成阅读与写作的习惯将终身受益。根据我在中国青少年研究中心近三十年的调查研究，加上我对许多孩子发展经历的常年跟踪采访，发现类似的案例比比皆是，这并非偶然的、特殊的情况，而是具有规律性的普遍现象。概括来说，我发现三个关键词特别重要，即“习惯养成”“潜能开发”和“亲子关系”。它们之间的关系可以用一个三角图形来体现，其中，亲子关系是底线，具有稳固的支撑作用，而两条向上并相交的线就是习惯养成和潜能开发。当然，潜能开发不只是智力开发，也包括非智力因素的发展乃至健康人格的培育。习惯培养更是如此，良好习惯缔造健康人格。

基于上述考虑，在浙江文艺出版社等机构的鼎力支持下，各方精诚合作编辑的36集音频课程《孙云晓家庭教育通识课》上线了，同时出版了《好习惯：12招教孩子自律而独立》《学习力：12招巧妙唤醒孩子的潜能》《亲子关系：12招让你成为孩子眼中的好父母》三册图书。之所以能够做好此事，首先应该感谢王晓乐总编辑的精心策划，即以我2016年在浙江文艺出版社出版的“孙云晓教育研究前沿书系”为基础来重新编写，特别选取了《亲子关系 决定孩子一生幸福的密码》《习惯养成有方法》《成功智力 比智商更重要的潜能》《五元家教法 好父母的必修课》等专著的精华。

值得一提的是，几代人的选择与推敲成就了这套书和音频课程，这是一次全新的尝试。说实话，作为一个50后教育研究者，我总担心落伍于80后、90后父母们的发展需求。这一次，80后的编辑岳海菁、何晓博和90后的编辑袁格格（特聘）、陆秋霞等给予我重要帮助，她们选出我原著的内容并加以编写，由我再做修改和补充，增加最新的思考和建议。可以说，这套书和音频课程都是真正的“千人糕”，我对各位80后和90后编辑表示诚挚的谢意！

说到家庭教育通识课，自然需要说明什么是通识课。1945年，哈佛大学发表《自由社会中的通识教育》，报告提出：教育可分为通识教育与专业教育两部分。前者作为大学教育的一部分，主要关注学生作为一个有责任感的人和公民的生活需要，后者则给予学生某种职业能力训练。从通识教育目的的角度来看，通识教育是关注人的生活、道德、情感和理智的和谐发展的教育。

通识教育风行于大学，是担心学生被各类专业所局限，所以要“关注学生作为一个有责任感的人和公民的生活需要”。如果细心思考一下会发现，家庭教育同样如此，父母可能被各种各样的教育方法所束缚，却忽视了更为重要的教育理念和价值追求。与大学的通识课不同，家庭教育通识课注重科学的教育理念与原则，注重理论与实践的结合，注重尽可能以故事和案例说明问题，并给出一些可以操作的有效建议。

今日中国的家庭教育存在极端化的倾向，有些父母主张给孩子更多一些自由，而另一些父母则认为要对孩子更多一些严管，这两种倾向都不利于孩子的健康成长。孩子的成长是有规律的，教育也是有规律的。国内外心理学家依据多年的研究发现，对孩子既理解尊重又严格要求的父母最有利于孩子的发展，主动性与自制力“两颗种子”都发达的孩子人格最健康。这种平衡教育的现代理念是我们家庭教育通识课的主导思想。

家庭教育的鲜明特质是实践性。广大父母和教师朋友是否喜欢这套丛书，是否能够真正从中受益，从而促进孩子的成长，是作者与编者最为关心的。每本书至少有一半价值是由读者创造的，当您拿起本书的时候，这种创造就开始了。所以，请允许我怀着一颗虔诚的心，向每一位读者朋友表示敬意！

孙云晓

2020年3月28日于北京云根斋

CONTENTS
目录

01 没有责任心的孩子长不大 / 001

有责任心才能真正成长 / 003

孩子犯了错该怎么处理 / 005

责任心培养的四个小妙招 / 007

好父母成功锦囊 I / 012

02 从细节入手，培养孩子的好习惯 / 013

从优秀传统文化中提炼做人做事的好习惯 / 014

父母以身作则，制订合理的行为规范 / 019

养成好习惯的通用法则 / 021

好父母成功锦囊 II / 024

03 会合作的孩子，更容易和社会打交道 / 025

竞争与合作，哪个更重要 / 026
灾难面前，合作方能生存 / 030
克服“麻将心理”，践行双赢模式 / 032
养成合作习惯的五个小妙招 / 035
好父母成功锦囊 III / 038

04 怎么教孩子和自己相处 / 039

认识自己是心理健康的前提 / 040
学会接纳自己，与自己和解 / 045
学会控制自己的情绪和行为 / 047
好父母成功锦囊 IV / 053

05 孩子做事没计划、没条理，怎么办 / 055

培养孩子做事有条理的好习惯 / 057
让孩子在试错中走向独立 / 061
从小事开始，教孩子追求效益 / 065
好父母成功锦囊 V / 069

06 **自理能力与自理习惯从哪里培养起** / 071

爱做家务的孩子成才率高 / 073

国外的父母怎么培养孩子的劳动能力 / 076

会做饭的孩子走到哪里都能活下去 / 078

好父母成功锦囊 VI / 084

07 **儿童特别需要成功体验** / 085

比起批评，赞扬对孩子的影响更大 / 086

成功教育法，教孩子选择成功 / 089

好父母成功锦囊 VII / 093

08 **培养好习惯用加法，矫正坏习惯用减法** / 095

矫正坏习惯，切忌一刀切 / 096

培养好习惯，记得做加法 / 101

好父母成功锦囊 VIII / 106

09 **兴趣班不是孩子的兴趣，怎么办** / 107

别让兴趣班毁了孩子的兴趣 / 109

尊重孩子的兴趣，发挥孩子的潜能 / 111
培养孩子的特长，父母千万不能太功利 / 114
课外的时间，请还给孩子 / 116
好父母成功锦囊 IX / 119

10 怎么和青春期的孩子相处 / 121

秘密是孩子成长所必需的营养品 / 122
像对待成年人一样对待青春期的孩子 / 124
与孩子保持美的距离 / 130
十岁之后，用尊重和倾听的方式爱孩子 / 132
好父母成功锦囊 X / 136

11 该不该让孩子去寄宿学校 / 137

越小的孩子越不适合寄宿生活 / 139
过好寄宿生活的小诀窍 / 142
好父母成功锦囊 XI / 146

12 六步法养成终身好习惯 / 147

习惯培养的第一步——激发动机 / 150
习惯培养的第二步——明确行为规范 / 152
习惯培养的第三步——适时进行榜样教育 / 153

习惯培养的第四步——坚持不懈的行为训练 / 155
习惯培养的第五步——及时评估和奖惩 / 156
习惯培养的第六步——形成良好的环境 / 157
好父母成功锦囊 XII / 159

01 没有责任心的孩子长不大

稍有生活经验的人都会明白，一个没有责任感的人在现代社会是无法生存的。这一点，我在我的新文章《培养孩子的责任感是家庭教育的核心任务》（于2020年3月发表于《教育家》杂志）中也提到过。因此，父母要特别重视培养孩子养成认真负责的好习惯。

具体该怎么做呢？我先给出几个衡量责任心的指标，邀请作为父母的你来自测一下。

第一，是否具有自己的事情自己做的习惯；

第二，是否具有经常反省的习惯；

第三，是否具有正确面对过失、勇于承担责任的习惯；

第四，是否具有在家庭生活和社会生活中承担具体责任的习惯；

第五，是否具有服务他人的习惯。

上面的这几个衡量指标，你能达标几个呢？

这个测试，其实对孩子也适用。衡量一个人是不是现代人，主要标志之一就是看他是否具有责任心，这也是衡量少年儿童社会化水平的关键指标之一。

在现代社会，人们相互依赖的程度越来越高，分工越来越细，这就越来越需要责任心。因为任何一个环节的失职，都可能导致整个事业的崩溃。一代代人的责任心状况，将对人类的生存产生深远的影响。

有责任心 才能真正成长

没有责任心的孩子是永远长不大的孩子。不难想象，一个人如果在儿童时期就事事依赖别人，没有独立做事的锻炼，那么，他在成年之后，是比较难在社会上立足的。

不少父母认为，孩子缺少责任心是独生子女的“先天不足”，把原因归结为“独生”。事实上，任何一个孩子，无论是独生还是非独生，作为自然人来到世上，并没有本质的差异，只是在后天的社会化过程中，由于父母的教育和环境的影响，才形成了不同的人格品质。责任心作为人格特征之一，同样不是与生俱来或自然形成的，它是个体通过主观努力和接受教育而获得的。对未成年的孩子来说，父母的教育观念与行为对他们责任心的培养有着至关重要的作用。

北京有个上小学五年级的女孩，她经常领着邻居家小弟弟在家附近的停车场玩。保安人员怕孩子拿石子划汽车，所以见孩子就轰。保安不管倒好，一管，小孩就有了逆反心理。女孩调皮地领着小弟弟藏在汽车后边，拿石头敲地，敲得保安心惊肉跳，跑过来追他们。女孩有点儿小狡猾，事先已经侦察好了地形：她发现从停车场到家有一个铁栅栏门，小孩可以钻过去，大人钻不过去。只要保安一过来，他们就跑，一下钻过铁栅栏门。保安气坏了，想了一招，第二天在原本锁着的铁栅栏门上挂了把虚锁，一旦孩子逃跑，他立马开门去追。

可这个女孩不知道，依旧带着小弟弟在停车场敲地，敲完了就跑。这一次，女孩一听身后的声音不对，就飞快地跑回家，躲在门后大口喘气，脸色煞白。小弟弟因为跑得慢，被保安抓住，嗷嗷直叫。女孩的父亲听见动静，问女儿怎么回事。女儿说："我们跟保安捣乱，他来逮我们，把小弟弟给抓走了。"父亲一听就明白了，于是跟女儿说："你是姐姐，他是弟弟，你是主要责任人，他是跟着你捣乱的，对不对？现在出事了，你跑回家了，小弟弟被抓走了，你能心安理得地在家待着吗？"女儿不懂父亲的话是什么意思，于是父亲非常明确地对她说："你现在赶快出去找保安，有什么责任你来担着，让他把小弟弟放了。"可女儿一个劲地摇头："我不去！我不敢！"父亲说："不行，你今天必须去。你今天不去承担责任，明天你怎么有脸去见小弟弟呢？爸爸知道你是好孩子，好孩子敢作敢当，没有过不去的火焰山。你一定要去！"

女儿知道没有退路了，鼓起勇气出了门，走到小区里才知道，保安已经把小弟弟放了。于是，她又去小弟弟家看望他并道歉。后来，女孩还写了一篇散文记述这件事情，感悟出：人犯了错误就应该承担责任。

孩子是在体验中长大的，成长是不能替代的，体验也无法替代。父母不要剥夺孩子承担责任的机会，而要让孩子在体验中成长。生活中，孩子如果有什么过失，无论大小如何，一定要让他学着承担责任，这才是父母对孩子真正的爱。

孩子犯了错 该怎么处理

为什么特别强调责任心呢？朋友们，当你的孩子在外面闯了祸时，你是怎样处理的呢？

生活中，孩子由于年幼，缺乏知识和经验，经常会犯一些错。这个时候，父母怎么恰当地处理，就成了一门艺术。有一些父母会因为孩子惹祸就训斥孩子。比如，有的父母会说："你是怎么搞的，能这么做吗？""你这个孩子，简直不让人省心！""赶快回家吧，还在外面待着干什么？回去写作业去！"这样一来，孩子会觉得犯错之后被骂一顿就没事了，什么责任也不用负，回家该玩就玩，该学习就学习；而父母就得留下承担责任，又是道歉，又是赔偿。像这样，孩子怎么可能有责任心呢？细想一下，父母这么做不正是剥夺了孩子承担责任的机会吗？这么一来，孩子更难以养成负责任的习惯。

因此，父母要特别注意在孩子犯错时的处理方式。一般来说，孩子犯错的时候，恰恰是教育的良机，因为内疚和不安会让他急于求助，而这个时候跟孩子讲道理，会让孩子印象深刻。当然，在这种时候，父母需要保持理智和冷静，尽量不要大声训斥孩子，更不要夸大其词，恐吓孩子，而是应该实事求是，讲清道理，明确指出弥补过失的办法。

从一定意义上讲，父母可以把孩子发生过失的时刻看成是教育孩子的关键时刻，因为在这个时候，能不能正确地利用时机来教育孩子非常关键。如果处理不当，孩子也许会毫不在意，或者因为过于恐惧而导致精神崩溃；如果处理得当，孩子可能会吃一堑，长一智，由此走向成熟，成为一个富有责任感的人。所以，不论孩子有什么过失，要让他明白犯错误不可怕，但一定要承认错误，承担起相应的责任。引导他敢于并且妥善地承担责任，这是父母应有的教育观。

也许有的父母觉得责任心并不那么重要，他们会说："孩子是不是有责任心，谁说得清楚？我只要他成才，只要他能够在同龄人中成为优胜者，就够了。"但是，大家只要仔细想一想，自己培养孩子的真正目的是什么，就会重视责任心的问题了。

身为父母，谁不希望自己的孩子成长为杰出的人？可杰出的标准是什么呢？如果您仅仅是为了孩子有个好成绩，可一些成绩好的学生仍然有可能毁于心理崩溃；如果您是希望孩子将来有个好工作，可一些身居要职的人仍然可能玩忽职守；如果您希望您的孩子幸福，但一些人为了追求所谓的"幸福"可能走上犯罪的道路……到底什么才是真正的成功呢？概括来说，作为父母，养育孩子的最大愿望还是希望孩子能成长为一个健康的人，成为一个获得良好发展的人，成为一个遵纪守法的公民，成为一个受人欢迎和尊重的人，成为一个对社会有用的人。而这些美好的期许都需要有责任心才可能做到，因此，好父母会从小培养孩子养成负责任的好习惯。

▶ 责任心培养的四个小妙招

责任心的培养应该渗透在日常生活里。

孩子小的时候，对成年人有着显著的依赖性，需要成年人的帮助。但这种依赖性是暂时的，随着孩子的成长，责任与担当将是其人格发展的主要内容。孩子出生后，有相当长的时间是在家中度过的，所以在实践中逐步养成孩子负责任的习惯，家庭环境和家庭教育起着重要作用。

接下来，我来给你支几招，让你快速学会如何培养孩子的责任心。

第一，给孩子分配一些劳动任务。在家庭生活里，可以给孩子分派适当的、力所能及的任务，比如扫地和刷碗、给盆栽浇水，还可以尝试着让孩子做饭、洗衣服、收拾自己的房间等。与此同时，父母需要及时对孩子的行为给予指导和鼓励。

在有些父母的眼里，孩子永远是孩子，只有呵护着才能长大。让孩子干点儿什么总是担心这担心那：孩子扫地怕扫不干净，孩子洗衣服怕洗不干净，孩子搬东西怕累着，孩子烧水怕烫着。这些父母的口头禅是："小毛孩能干什么？不用你插手！"正是这些父母的大包大揽，使孩子的责任心在无形中减退。

还有些父母，常常以物质奖励来调动孩子干家务的积极性。这种做法的负面影响是孩子会有目的性地劳动：给钱干，没钱不干！

同时，它还向孩子传递了一种信息——做任何事情都应该得到物质上的回报，这极有可能让孩子过于注重物质索取，忽视自己应该承担的责任。

明智的父母会激发孩子的责任心，让他们像小主人一样自觉自愿做好家务活，在健康之路上成长。

下面这个故事中的妈妈就做得很好。

瑞恩是加拿大一个普通家庭的男孩。六岁的小瑞恩读小学一年级时，听老师讲述非洲人民的生活状况：孩子们没有玩具，没有足够的食物和药品，很多人甚至喝不上洁净的水，成千上万的人因为喝了受污染的水死去。

老师说："我们的每一分钱都可以帮助他们——1分钱可以买一支铅笔，60分钱就够一个孩子两个月的医药开销，2元钱能买一条毯子，70元就可以帮他们挖一口井……"

瑞恩深受震撼，他想为非洲的孩子挖一口井。

不过，他的妈妈并没有直接给他这笔钱，也没有把这个想法当成小孩子头脑一时发热的冲动。妈妈对瑞恩说："家里一时拿不出70元。你要捐70元是好事，但是你需要付出劳动。"妈妈让他自己来挣这笔钱，说："孩子你要多干一些活，多承担一些家务，慢慢地积攒，积攒到一定时候，就能够有这些钱了。"瑞恩说："好，我一定多干活。"

于是，瑞恩开始承担正常家务之外的更多的事。哥哥和弟弟出去玩时，他给地毯吸尘两小时挣了2元钱；全家人都去看电影时，他留在家里擦玻璃又赚了2元钱；他还要一大早爬起来帮爷爷捡松果，帮邻居捡暴风雪后落在地上的树枝……

瑞恩坚持了四个月，终于攒够了70元。他把这笔钱交给了相关的国际组织。

然而，该组织的工作人员告诉他："70元只够买一个水泵，挖一口井要2000元。"

小小年纪的瑞恩没有放弃，他继续努力着。一年多以后，通过家人和朋友的帮助，他终于筹集了足够的钱，在乌干达的安格鲁小学附近捐助了一口水井。

第二，让孩子了解父母的责任并关心父母。父母不仅要了解孩子的所思所想，也要经常和孩子谈谈自己的内心感受与社会体验，引导孩子学会关心父母和家庭。不要总是以为孩子什么都不懂，也不要拒绝向孩子袒露心扉。如果父母总是对孩子报喜不报忧，久而久之，孩子就会觉得这个家庭的事情与自己无关，只要自己不捣乱、不惹祸就可以了。这样肯定是不好的。以父母为榜样，从小承担起一份责任，中小学生可能做得更好，幼儿也可以受到积极的影响。据2020年3月8日《中国教育报》报道，在幼儿园关爱一线抗疫医护人员子女的活动中出现了许多感人的事迹。

疫情发生后，很多幼儿园在家访中了解到，有些家长已经或正要投入到战疫一线工作中。为了缓解孩子的焦虑，同时为家长解除后顾之忧，幼儿园教师不定期地跟孩子和父母联系，通过一条特殊的“爱的连线”，让彼此“看见”各自生活中更多的精彩。

“我叫方钦元，是青岛市湖南路幼儿园大（1）班的一名小朋友。2020年的春节是一个不平凡的春节，2月9日晚上，我的爸爸递交志愿书，接到前往武汉支援的通知……虽然我不能每天见到爸爸，只能对着手机屏幕讲述我对他的思念，但是我知道他每天为武汉生病的叔叔阿姨治病，他是一名伟大的医生。”

前些天，青岛市民的手机或许已被小钦元感人的话语刷屏。他的父母都是医生，面对疫情，妈妈坚守工作岗位，爸爸则成了一名光荣的援鄂医生。青岛市湖南路幼儿园第一时间为小钦元送去了温暖。老师时常和他视频连线，了解他的生活作息，倾听他对爸爸的思念，同时也让小家伙感受到爸爸妈妈作为医生的伟大。

其实，这是青岛市南区教体局发起的对抗疫一线医护人员子女“一对一关爱行动”的缩影。该区通过开展“将爱大胆说出来”“将爱用心画出来”的线上活动，以及推送一些有趣的居家游戏，把关心与祝福源源不断地送给这些光荣的家庭。

——选自《放心吧，孩子一切都好！——幼儿园关爱一线抗疫医护子女纪实》

以上这些做法好在哪里呢？好在正向引导，即以父母在疫情面前敢于担当的形象为孩子树立了榜样。虽然见不到父亲或母亲很难受，但是，幼儿园老师的关爱让孩子感到温暖和骄傲。可以说，这些父母为孩子埋下了勇于负责的优良种子。

第三，听取孩子对家庭、学习生活的建议。父母可以经常和孩子讲讲家里的日常花销、人情来往，并请孩子谈谈自己的看法，或者在学习生活中，让孩子自己先想办法、拿主意。假如父母经常聆听孩子的意见并采纳他们有价值的建议，甚至让孩子当一段时间的小管家，孩子就会逐渐在心中生出对生活的责任感。

今天的孩子非常注意维护个人权利，这其实是一种负责任的习惯。这有它的合理性，有它的现代性。我们不能光想着怎么去教育孩子，还要想着怎么向孩子学习。

第四，让孩子学会自我服务。不要总是对孩子说“你还小”“你不懂”“你不行”，而是要给孩子一定的锻炼机会。孩子的成长速度是惊人的，远远超出成年人的想象。成年人认为孩子不能做的事，可能孩子完全有能力驾驭。所以，父母要尽量给孩子一些锻炼的机会和勇气，这样孩子就可以在自我服务中养成对自己负责的习惯。

好父母成功锦囊 I

有责任心的孩子才能真正长大。当孩子犯错时，父母千万不能把孩子藏在身后，而应该鼓励孩子承认错误，并在力所能及的范围内承担责任。

家庭生活中，父母一定要注重培养孩子负责任的习惯。而负责任习惯的培养，可以通过以下四种方式：第一，给孩子分配一些劳动任务；第二，让孩子了解父母的责任并关心父母；第三，听取孩子对家庭、学习生活的建议；第四，让孩子学会自我服务。

02 从细节入手，培养孩子的好习惯

我发现，很多来向我咨询教育困惑的父母，都被同一个问题困扰着，那就是：孩子的习惯特别不好，在家没规矩，出门没礼貌。这样的孩子，有时候他爹妈都嫌弃，更别说让老师和长辈们喜欢了。

做父母的都很重视孩子的行为习惯，但问题在于，许多父母在面对孩子的时候，常常感到千头万绪，不知从哪里入手，一着急就会滔滔不绝地讲起大道理来。孩子听不懂，即使听懂了也不知该怎么做，甚至因为父母唠唠叨叨而心生反感。

所以，很多父母特别无奈地问我，到底怎么样才能把孩子的坏习惯给消灭掉，帮他养成好的习惯，不说人见人爱吧，起码要讲文明、懂礼貌。如果你也遇到了这样的问题，我建议你：先别给孩子讲那么多大道理，而是从小事着手，一步一步，手把手地教孩子。对未成年的孩子来说，具体的、形象的、明确的行为规范，远比空泛的大道理要管用得多。

从优秀传统文化中
提炼做人做事的好习惯

传统文化中有哪些具体的、形象的、明确的行为规范呢？

北京史家小学发动学生自定班规，我认为这是一个调动积极性、发挥自主性的好方法。没有规矩不成方圆，家规、班规、校规都是养成习惯的好方法。

明末清初有个学者叫朱柏庐，他的《朱子家训》很有名，里面有很多话流传很广，如："黎明即起，洒扫庭除，要内外整洁。""一粥一饭，当思来之不易；半丝半缕，恒念物力维艰。""善欲人见，不是真善；恶恐人知，便是大恶。"我们确实要培养孩子养成这样的习惯认知。

《现代汉语词典》中对"习惯"的解释是："在长时期里逐渐养成的、一时不容易改变的行为、倾向或社会风尚。"

自古以来，中华民族便有重视培养孩子健康人格的传统。被誉为"智慧的化身"的诸葛亮在《诫子书》中说："夫君子之行，静以修身，俭以养德。非澹泊无以明志，非宁静无以致远。夫学须静也，才须学也。非学无以广才，非志无以成学。淫慢则不能励精，险躁则不能治性。年与时驰，意与日去，遂成枯落，多不接世，悲守穷庐。将复何及！"这段话的意思是：

君子的品行是，以宁静来修养身心，以俭朴来陶冶品德。如果不恬淡寡欲就不能明确自己的志向，不安定宁静就不能达到远大的目标。想要学习必须心静，想要有才能必须学习。不学习就不能扩充自己的才能，没有志向就不能成就自己的学业。放纵懈怠就不能勉励自己专心致志，轻薄骄躁就不能陶冶自己的品性。年龄与时光一同流逝，意志与岁月一同远去，理想不能实现，不能有益于社会，像枯草一样凋落，悲伤地固守着简陋的房屋。到时候再后悔，又怎么来得及呢！

我的一个朋友给孩子起名为“宁远”，便是取自于诸葛亮的这段话，即“宁静致远”。但是如果没有良好习惯作为基础，任何理想的大厦都难以建立起来。

我相信，大多数父母都会重视孩子行为习惯的养成，因为养成好习惯将终身受益，养成坏习惯则会终身受害，这是一个显而易见的道理。问题的关键在于，应当培养什么样的习惯，怎样去培养。

一些国学启蒙读物中，既有深刻而博大的思想，也有细致入微的规范。在这里，我想向父母朋友们推荐清代李毓秀撰写的《弟子规》。以下是《弟子规》的部分内容：

父母呼，应勿缓；

父母命，行勿懒。

（译文：当父母呼唤的时候，应当即刻答应，不能迟缓；父母交办了什么事情，应当立即行动起来，不能拖延偷懒。）

出必告，反必面。

（译文：离开家时要告知父母，回家时也要面告父母，以让父母放心。）

长呼人，即代叫；

人不在，己先到。

（译文：如果听见年长者呼唤人，就应立即代他去传唤；如果要找的人不在，自己要先到年长者那里去看看有什么事。）

冠必正，纽必结；

袜与履，俱紧切。

（译文：戴帽子一定要戴端正，穿衣服时要把纽扣扣好，袜子和鞋子都要穿整齐，鞋带要系紧。）

置冠服，有定位；

勿乱顿，致污秽。

（译文：脱下来的帽子和衣服，应当放置在一个固定的地方，不能随便乱扔，以免把衣帽弄脏。）

衣贵洁，不贵华。

（译文：衣服的穿着贵在整洁干净，而不在于华贵漂亮。）

年方少，勿饮酒；

饮酒醉，最为丑。

（译文：在年龄小的时候，千万不要喝酒；一旦喝醉了酒，就会丑态百出。）

斗闹场，绝勿近；

邪僻事，绝勿问。

（译文：凡是打架闹事的场合，绝对不能走近；凡是不正经的事情，绝对不去过问。）

用人物，须明求；

倘不问，即为偷。

（译文：使用别人的东西，必须明确地提出请求，以征得别人同意。假若不问一声就拿去用，这就是偷窃。）

借人物，及时还；

人借物，有勿悭。

（译文：借了别人的东西，要在规定的时间里归还；别人向你借东西，如果自己有就不要小气。）

凡出言，信为先；

诈与妄，奚可焉。

（译文：凡是说出来的话，首先要讲求信用，说到做到。欺骗蒙混，胡言乱语，这怎么可以呢？）

当然，即使是被称为历史上“最上乘”的蒙学读物，也难免有许多糟粕混杂其中，例如，对父母的专制和暴力行为也要无条件服从，对社会公共事务漠不关心（“号泣随，挞无怨”“不关己，莫闲管”），等等。对于传统文化，智者自应择其利而去其弊。

《弟子规》的译注本很多，我选用的是山西古籍出版社的版本，感谢李捷译注，我对译文做了少许修改。父母们可以看到，这些朗朗上口便于记忆的句子，把许多做人做事的好习惯讲得既明白又具体，如果与孩子一起反复吟诵必将大有益处。

父母以身作则，制订合理的行为规范

培养孩子的好习惯需要以父母的好习惯为前提。为什么呢？孩子在学校培养好习惯，放学回家：“爸爸，你好！妈妈，你好！”“爸爸，我回来了！妈妈，我回来了！”可是有的父母就不习惯：“你叫唤什么呀？”“回来就回来吧，啰嗦什么啊？”孩子就不知道该怎么办了。实际上，《弟子规》中要求的“出必告，反必面”，是为了培养孩子养成关心长辈的习惯。父母积极回应，让孩子获得美好的体验，他才能够坚持下去，养成习惯。这样的规矩不仅仅是礼貌需要，也是保护孩子安全的需要。

面对这么多规矩，可能又有父母犯难了，道理再多再细致，但落实到行为上，又该怎么做呢？每当遇到这样的问题，我都会给来访者讲一讲下面这个成功的案例，也就是我的朋友李宏的故事。

李宏的女儿叫早儿，是一个非常有礼貌的孩子，待人彬彬有礼，还特别善解人意。从小学到中学，无论到哪个地方，她都会成为一个受欢迎的女孩。许多给李宏家打过电话的人都会惊叹说：“哎呀，你的女儿太可爱了，我什么时候一定要见见她，我从电话里就仿佛看到了这个女孩的微笑。”

因为早儿接电话的时候，一拿起电话就说：“您好，这是李宏家，请问您找谁？”如果她妈妈不在，她就会说：“我妈妈现在不在，您有什么事情需要我转告她吗？需要让她给您回电话吗？”如果对方不挂电话，她肯定不会放下电话，都是在对方挂电话之后，自己才放下电话，又礼貌又周全。

好多父母都特别羡慕早儿的妈妈李宏，这样的孩子也太让父母省心了，肯定受欢迎。尤其是，在我们生活中有好多孩子不是这样的，就拿接电话这么小的事来说，有些孩子一开口就是：“喂，找谁？不在！”然后啪的一声就挂了，甚至有时候，连爸妈来的电话都没听清楚就挂了。

其实早儿之所以这么有礼貌，就是因为她的父母从细节入手，培养孩子的礼仪习惯。拿接电话这件事来说，她妈妈是这么教她的：

“凡是给咱们家来电话的人，大都是我们的朋友、客人，对待客人一定要热情，所以你在接电话的时候也一定要开开心心的。接起电话首先要说‘您好，请问您找谁’，然后该谁接电话你就叫谁来接电话，该做什么记下来，而且要后挂电话。”

你看，这么一件小事，她的妈妈都给安排得明明白白，每一步都替她设想好了，早儿只需要照着做就可以了。当然，孩子在小的时候，难免会记不住很多细节，早儿也有忘记的时候，比如她刚对电话那头说完“我爸爸不在”，就忘了接下来该说什么了。妈妈看见了，就提醒她：“想一想，接下来你应该问什么呢？是不是要替爸爸问一问找他干什么呀？你又能帮电话那边的人做什么呢？”这样多提醒几次以后，过了几个月，早儿就非常习惯了。

父母制订合理的行为规范，最终是为了让孩子养成好的习惯，让他一辈子都能从中受益。但具体的做法肯定要按照每个家庭的具体情况来定，接下来我给大家分享一些普适性的原则，这些原则对每个家庭都适用。

养成好习惯的通用法则

第一，父母不要用命令的口吻来让孩子做这个做那个。

我知道很多父母在教育孩子的过程中，经常会习惯性地给孩子下命令，比如说：“晚上睡觉以前把书包收拾好，省得明天早上手忙脚乱的。”说完父母还不忘补一句：“你听到没有！”你自己想一想，是不是也和孩子说过类似的话？其实我特别理解父母这么做的初衷，但我想提醒你的是，如果你总是用这种居高临下的姿态跟孩子沟通，时间长了，孩子就会有逆反心理。所以，为了让他心甘情愿地遵守规则，最好别命令他做事。

举个例子。妈妈说天冷，让孩子多穿衣服，孩子不想穿。“不穿不行，必须穿！”妈妈命令。孩子无奈，只得穿上。衣服是穿上了，但孩子未必完全理解妈妈的用意，还是不明白要根据天气的变化更换衣服的道理，因此无法获得内心认同的生活经验。

另外一位妈妈是这样做的。她先提醒孩子：“今天挺冷的，我看你得穿件厚衣裳。”孩子想都不想就说：“不冷！没事！您就别操心了！”妈妈还真的就不操心了，任由孩子蹦蹦跳跳地跑出去。出去以后，孩子自己感觉到：外面真的很冷，看来妈妈说的是对的。由此，孩子就明白了：天冷就要加衣服，不加就得挨冻。这就成了他的生活经验。他从切身经历中获得了直接体验，掌握了生存本领。

苏联教育家马卡连柯说过：“不要以为只有在你们同儿童谈话、教训他、命令他的时候，才是在进行教育。你们生活的每时每刻，甚至你们不在家的时候也在教育儿童。你们怎样穿戴，怎样和别人说话，怎样议论别人，怎样欢乐和发愁，怎样对待敌人和朋友，怎样笑，怎样读报……这一切都对儿童有着重要的意义。”对孩子来说，**言传身教比生硬的命令更有力量。**

第二，只要孩子做到了，就一定要表扬，而且要表扬到实处。

怎么算表扬到实处呢？如果你的孩子把房间整理得很干净，你可以试着用下面这种方法来表扬他。首先你可以很惊讶地对他说：“你房间原来那么乱，只用半个小时就收拾好了？”孩子肯定会说：“这有什么难的。”然后你再接着问一些细节：“之前那些堆得乱七八糟的玩具你都放哪儿了，是不是藏床底下了？”孩子这时候多半会说：“怎么会，我都放在该放的位置了！”好，这个时候，你都不用检查了，可以真情实感地夸他一句："你真棒，辛苦啦！爸爸妈妈特别喜欢你现在的房间，谢谢你让我们这么自豪！"

我们来对比一下，刚才这段对话，如果只浓缩成一句"你真棒"，孩子会明白他到底哪儿做得棒吗？是"房间干净整洁"这个结果？还是"花了很多时间，让所有东西都回归原位"这个过程呢？表扬孩子一定要落到实处，不然只是空泛地夸奖一句，他就可能混淆了过程和结果，甚至可能会为了实现结果，而动一些"歪脑筋"。

其实，表扬主要有两种方式：一种是评价式表扬，它是结果取向的，直接指向孩子的品质或性格，对此做出积极评价，如："孩子，你真棒！""孩子，你做得太出色了！"生活中有好多这样宽泛的形容词。另外一种是描述式表扬，它是过程取向的，主要指向孩子的努力，以及父母对孩子行为的感受，让孩子自己得出结论，如："地板真干净，都照出人影了；被子叠得很整齐，像豆腐块。走进你的房间，让人感到很清爽、很舒服！"

评价式表扬因为直接指向孩子的人品或性格，它往往太直接了，像直射的阳光一样刺得人不舒服，它还使孩子过分重视结果，过于在意其他人的表扬从而刻意表现来获得他人的赞赏，这往往会把孩子吹捧坏的。描述式表扬如和风细雨，能使孩子根据他人的描述自己得出一个积极的结论，这有助于孩子形成积极的自我概念。而且，描述式表扬指向的是过程及孩子的努力，为了获得他人的表扬，孩子会更加务实。它不会让孩子自命不凡，过于骄傲自满。

好父母成功锦囊 II

我国优秀的传统文化中有很多具体的、形象的、明确的行为规范。父母可以带领孩子一起学习，从中提炼出做人做事的好习惯。

▼

想让孩子养成好的习惯，父母就不要只是讲一些大道理，而是与孩子一起制订一些合理而明确的行为规范，以身作则，带着他一一践行。

▼

在培养孩子好习惯这件事上，每个家庭都要遵守这两条原则：第一，切忌用命令的口吻要求孩子做事；第二，选择描述式表扬，表扬到实处。

03 会合作的孩子，更容易和社会打交道

孩子终究要走向社会，这一节，我们来讨论一个适应社会的重要能力和习惯：善于合作。

单丝不成线，独木难成林。是否善于合作，成了能否融入现代社会的极为重要的衡量标准。因此，从小让孩子学会与人合作，是教育孩子学会做人做事的重要课题。

善于合作必须做到以下几点：

1. 乐于助人；
2. 虚心请教别人；
3. 团结友善；
4. 平等待人；
5. 尊重不同意见。

竞争与合作，哪个更重要

为什么要强调合作能力呢？

我们在调查研究中发现，许多孩子都有不同程度的攻击性需要。当然，这种攻击性需要不一定是打人骂人，也可能是不顾及别人的感受，用语言伤害别人，等等。

一次，我参加北京某小学的教育研讨会，一个女教师讲的故事让我难以忘怀。一个三年级男生回到家，扑到床上哇哇大哭。妈妈很奇怪："宝宝，你不是考了第一吗？为什么还哭呢？"儿子拍着床嚷道："还有一个第一！"原来孩子无法接受并列第一的结果。

引起我深思的是，孩子的独霸心理是从哪里来的？其实，儿童最初对名次并没有计较之心。但是，孩子参加某些比赛后，父母往往会关切地问孩子得了第几名。孩子说第一名，父母惊喜并且大加赞扬。当得知好几个孩子并列第一的时候，有些父母就可能嘴一撇说，并列第一就不值钱了，唯一才是英雄。儿童一般都渴望得到父母的喜爱，父母的态度会深深影响孩子的态度。儿童也都是研究大人的专家，他们甚至能够读懂父母语言背后的语言。

谈起合作教育，也许有些父母会觉得，"光会合作不会竞争，肯定吃亏，太脱离当前的形势了"。我曾经听到有的父母这样说："现在都是竞争的社会了，还谈什么合作？"

这些父母，可能并没有意识到这样说的危害性。**他们在激发孩子竞争意识的同时，可能已经强化了孩子身上的攻击性。**

长期以来，人们已经适应了这个竞争的社会。在教育孩子的时候，有些父母教孩子要竞争，要取胜，要比同龄人强。

在孩子还很小的时候，父母就告诉孩子："别人打你你就打他！""去幼儿园，可别叫小朋友欺负了，不用怕他们！""老师发水果，要挑大个儿的，别那么窝囊！"

孩子上学了，父母又说："要有竞争意识，别的同学问你题目，不要告诉他，他会了就比你强了。""这是妈妈给你新买的参考书，可别借给其他同学看啊!”“合唱比赛有什么意思?得了第一名也不是你自己的荣誉,还是省下时间看看书吧!”

恐怕很多父母未必意识到这样做的危害性。在培养孩子竞争意识的同时,可能有些父母已经培养出了某些“狼性”。我在南方某大城市讲课的时候,一个老师给我讲了这样一件事:

一个小学四年级的女生没来上课,同学们都很奇怪,她从来不缺课的,又是班里的数学尖子,为什么会缺课呢?老师解释说女同学的爷爷突然去世了,她因此请假。本以为班里同学会为她失去爷爷而难过呢,可谁知道老师的话音刚落,班里却响起一片欢呼声:“噢,她爷爷可死了!平时我们竞争不过她,因为她爷爷是位数学教授!”“这下可好了,我们可以超过她了!”许多孩子开心地敲桌子跺脚,老师耳闻目睹后毛骨悚然:“这是一群小学生还是一群小狼啊?怎么这么缺乏同情心呢?”要知道,每一个人都不能孤立地生活在这个世界上,我们生活在人群中,不可能不与人交往。没有人喜欢与自私的人交往。

所以,我认为父母要特别注意孩子身上的攻击性,它表现为好主动出击、喜欢开别人的玩笑、拒绝与跟自己不和的人交往、喜欢报复、易为小事发怒,等等。这样的孩子在与同伴交往中容易伤害别人,从而导致自己也被疏远。

随着社会的发展,人与人之间合作的机会更多了。在当今的社会里,合作比竞争更重要。在这方面,看一看北京中关村的发展就知道了。

中关村在中国乃至全世界，都是一个非常响亮的名字。为什么这么说？因为“中关村是一个象征，她象征着中国的信息产业，象征着高科技、先进的管理、激烈的国际竞争以及迅速积累的财富；中关村是一个传奇，从1984年至今，中国最杰出的知识分子在中关村白手闯天下，创造了许多奇迹；在与IBM、微软等超级巨头的直接对抗中，中关村越战越强”。他们的成功秘诀是什么？他们每一个人都有自己的个性，都有自己的人格魅力和传奇故事，因此，他们的成功秘诀自然是各种各样的。但他们都有一个共同点，就是他们在创业之初都非常渴望把自己所学的知识转化为能力，渴望从知到做。今天，面对辉煌，他们也有一个共同的感受，那就是：团结协作，围绕一个目标去做事。

正如中关村一位著名企业家所说：“软件是一个集体性的劳动，人才必须组织起来，围绕一个正确的方向，围绕一个目标，才有价值。中国不缺少有才华的年轻人，而是缺少团结合作的精神。”

成功者有千千万万，但总有一些共同之处，富于团结协作的精神是许多成功人士的共同特性。2020年春天，全国人民团结一心支援湖北武汉抗疫，才能够初战告捷，这就是一个伟大的证明。

随着社会的发展，人们越来越需要精诚团结，在共同的大目标下努力把事情做好。虽然我们的生活离不开竞争，但社会需要的不是相互厮杀，而是共同发展。

灾难面前，合作方能生存

细想一下你就会发现，世间万物之所以能发展到今天，都离不开共处与合作。

在我和国际21世纪教育委员会委员周南照研究员主编的“我相信我能”系列丛书中，金大陆和黄洪基两位作者讲述了许多关于合作的经典故事。

1985年，法国科学家发现蚂蚁能救火。后来，英国一个动物学家的实验证实了法国科学家的发现。

英国科学家把一盘点燃的蚊香放进了一个蚁巢。开始时，巢中的蚂蚁惊恐万分，约20秒钟后，许多蚂蚁见险而上，纷纷向火冲去，并喷射出蚁酸。可一只蚂蚁能喷射的蚁酸量毕竟有限，因此，一些“勇士”葬身火海。但它们前仆后继，终于将火扑灭。存活者立即将“战友”的尸体移送到附近的一块“墓地”，盖上一层薄土，以示安葬。

一个月后，这个动物学家又把一支点燃的蜡烛放到原来的那个蚁巢进行观察。尽管这次火灾更大，但这群蚂蚁却已有了经验，调兵遣将迅速，协同作战有条不紊，不到一分钟的时间，烛火即被扑灭而蚂蚁无一遇难。科学家认为蚂蚁创造了灭火的奇迹。

蚂蚁面临灭顶之灾的非凡表现，更加令人震惊。

在野火烧起的时候，为了逃生，众多蚂蚁迅速聚拢，抱成一团，然后像雪球一样飞速滚动，逃离火海。那噼里啪啦的烧焦声，是最外层的蚂蚁用自己的躯体开拓求生之路时的呐喊，是奋不顾身、无怨无悔的呐喊。

在洪水肆虐的时候，聚在堤坝上的人们凝望着凶猛的波涛。

突然，有人惊呼："看，那是什么？"一个像人头的黑点顺着波浪漂了过来，大家准备等再靠近些就进行营救。

"那是蚁球，"一位老者说，"蚂蚁这东西，很有灵性。1969年发大水时，我也见过一个蚁球，有篮球那么大。洪水到来时，蚂蚁迅速抱成团，随波漂流。蚁球外层的蚂蚁，有些会被波浪打落水中。但只要蚁球能靠岸，或能碰到一个大的漂流物，蚂蚁就得救了。"没过多长时间，蚁球靠岸了，蚁群像是靠岸登陆艇上的战士，一层一层地打开，迅速而井然地一排排冲上堤岸。岸边的水中漂浮着零星的蚁群。那是蚁球外层的英勇牺牲者。它们再也爬不上岸了，但它们的尸体仍紧紧地抱在一起。那么平静，那么悲壮……

中国有句老话："驼负千斤，蚁负一粒。"讲的是从自身重量来看其负重，虽然一粒谷比千斤重载差得多，但蚂蚁负一粒谷和骆驼负千斤同样卖力气。美国科学家富兰克林说过："没有任何动物比蚂蚁更勤奋，然而它却最沉默寡言。"

在了解到蚂蚁面临灾难时的无私、智勇和合作之后，才更能理解这些对蚂蚁深刻、精彩的赞美。

小小蚂蚁都能团结合作共渡难关，何况有智慧的人类。然而，由于私欲膨胀，人类之间的合作恰恰是极为困难的。

克服“麻将心理”，践行双赢模式

某年，上海梅龙镇广场以高薪招聘“青春大使”。

16名选手轻松通过了笔试、演讲以及表演这三项考核，进入了最后一个环节——实战模拟。选手们按序号被编为四组，每组四人。试题只有一道：“你们认为谁能当选本次的‘青春大使’？”题目将由四人小组讨论后给出答案，每组必须有一个明确的人选告诉在场的评委。

当主持人将题目要求读完后，选手们你看我，我看你，全都傻了眼。台上台下几百名观众更是屏息而立，等待着这场游戏的开始。

一号选手首先打破僵局：“我认为我应该是‘青春大使’的最佳人选。”语气强硬而肯定，不容置疑。其他选手的勇气与自信也争相喷涌。一时间，舍我其谁的心声几乎成了场上每一个选手发言的主题。

随着赛事的深入，场上火药味渐浓。一个选手认真地告诉大家，自己年纪最小，最青春靓丽，理应当选，何况自己聪慧机智，“不像那种绣花枕头一包草”。此言一出，激怒了其他选手，于是选手们你来我往，唇枪舌剑，展开了一场言语的对攻，甚至，一个以才智取胜而容貌一般的选手被回敬了一个颇有“创意”的词语——“智慧猪八戒”。

场上选手们互相攻击，恶语相加，肆意诋毁对手。由于主持人的不断周旋，方使局面不致像当街吵架。有记者说，如果这16名选手还记得三个月来的同舟共济，请千万“嘴下积德”。台下观众也议论纷纷：这群不知天高地厚的大学生，要是走上社会后还这样，为了私利可以轻易翻脸攻击别人，长得再漂亮，学问再好，也是要吃大亏的。

出题者的目的是让选手们通过合作的方式，展示参赛者的气度和胸襟，不料事与愿违，决赛场上出现了令人惊诧的一面。

“为争冠，众美女当场恶相骂”，上海《青年报》以此为题对梅龙镇广场“青春大使”决赛时出现的意外场面做了报道，引起社会各界的强烈反响。

与此相反，受过良好的教育并养成合作习惯的小学生，却交了一份令人刮目相看的答卷。

这是一个真实的故事。

这个故事后来被改编成儿童电影《闪光的彩球》。

故事是这样的：

一天，一个外国教育专家考察团来到北京市第二实验小学。

一名教育专家提出要当场做一次教育实验。专家随便走进了一间教室，他拿出一个模型对同学们说：

“这个模型代表一个矿井，里面的三个小球代表矿工。我请三名同学用手拉住球上的线绳。我给同学们一个暗号，表示矿井突然进水了，水又大又急，井下的人有生命危险。在这千钧一发之际，看谁能迅速地拉动手中的线绳将小球提出井外，第一个逃出现场，脱离危险。”

话音刚落，小梅等三名同学被请到讲台前。小梅仔细观察了一下矿井，矿井好像一个细口径的啤酒瓶，心想：“如果我们三个人在接到命令的一刹那一齐猛拉小球，都只想到个人首先逃脱危险的境地，三个小球非卡死在井口不可，前进不得，后退不得……”

她急中生智，悄声对两个小伙伴说：“你一，他二，我三！”

专家一声令下，三个小球被线绳拴着，“叭”“叭”“叭”迅速地跳出“井”外。

教室里顿时爆发出雷鸣般的掌声。专家高兴得欢呼起来，小梅和小伙伴们简直像凯旋的将士一样受欢迎。

专家说：“我在许多国家都做过这个教育实验，可是，都失败了。今天，在中国，在北京，这个实验一下子获得了成功，我真高兴。我应该给你们满分。你们交上了一份超常的答卷！我祝贺你们！热烈地祝贺你们获得了成功！”

专家问小梅是怎么想出这个办法来的。小梅骄傲地说：“老师平时总是教育我们，下课出教室门的时候不要拥挤，要有秩序地一个人一个人地走出去，不然大家一齐挤在门口，都卡在那里，想进的进不去，想出的出不来……”

平时养成的好习惯，到了紧要关头，会产生无比巨大的威力。这一反一正两个真实的故事说明，习惯的好坏在许多时候可以决定人生的成败。

从这个故事中，我们就会发现，善于合作的孩子，更容易找到成功的方法，也更容易获得成功。

心理学家荣格曾提出一个心理学公式：I + We = Fully I。意思是说，一个人只有把自己融入集体中，才能充分地体现出个人价值。一个人的力量是微弱的，在现代社会，自我封闭、单打独斗、凡事只考虑“我”的人，更可能品尝失败的滋味。一个人要想成功，就必须克服“麻将心理”，即“看住上家，防住下家，自己和不了，也不让别人和”的心理，而要培养“你好我才能好，我好了你也会更好”的双赢行为模式。

养成合作习惯的五个小妙招

接下来，我为父母支几招，帮助你培养孩子的合作习惯。

第一，培养孩子心中有他人的习惯。

每个人的生活都是从家庭开始的，家庭生活给人生发展打下了深刻烙印。上海市家庭教育指导中心主任郁琴芳请我为她的书《20个父亲的教育智慧》作序，我为书中好父亲们的探索备感欣慰。

原上海向明中学的学生陈菲是一个独生女，她的父亲是一名中学高级教师，他特别注意帮助女儿克服独生女可能出现的自私和骄纵等毛病。女儿第一次过生日，父亲就讲明道理让她分蛋糕，第一块送给母亲，第二块送给父亲，第三块送给奶奶，给所有人都分完后，最后一块才是女儿自己的。外出购物时，也都准备好给奶奶的、外婆的、表哥的，然后才是自己家的。经过长期的家风熏陶，陈菲在学校以博爱之心受到欢迎，在美国访学一年，与寄宿的美国家庭相处融洽。陈菲勤奋学习、勇于创新，成为首位荣获“世界杰出青年发明金奖”的中国学生。

陈菲的故事告诉我们：童心如丝，染之以黄则黄，染之以苍则苍。父母如果溺爱，很容易导致孩子任性和自私，而一个任性和自私的人，是没有办法跟人合作的。所以，当孩子提出不当的想法和需求的时候，做父母的不应该满足孩子这样的心愿，要用适当的方法对孩子说“不”。陈菲的父亲之所以是个好父亲，是因为他引导女儿乐于分享、乐于助人，这样的行为习惯在与他人合作时极为有利。

第二，不要把孩子管得太严。

如果父母对孩子管得太死，并且什么都管，不顾及孩子的想法，孩子要么从父母那里学得专制，不懂得考虑别人的需要；要么特别被动，只会追随别人，没有自己的主见。合作不是顺从，也不是被动，而是一种主动的行为，甚至是创造性的行为。

有些中小学生向我抱怨，爸爸妈妈要求他们放学后必须马上回家，甚至计算着时间要求他们几点到家，结果他们无法和同伴们交流，别人约着做的再好再有意义的事情也没时间做，慢慢地，朋友越来越少。其实，我理解父母们的担心：怕孩子放学后无人管，做事情不知深浅，可能发生麻烦和危险。

但是，我更欣赏一名中学生的父母的明智做法，他们与孩子做出弹性约定，即如果有重要的事情需要做，例如和同学一起锻炼或参加社团活动，可以用手机给父母留言，晚上六点前回家即可。这名中学生如同获得解放一样，每天放学后，他都可以与同学打篮球，或者参加感兴趣的社团活动，志同道合的朋友也越来越多。有一天晚上，他甚至去同学家参加了生日聚会，因为事先与父母说好了，所以玩得特别开心。

为什么说这名中学生的父母的做法明智呢？因为他们的决定符合

青春期孩子发展的需求。中学时代是群体社会化的时代，孩子们特别渴望与同伴交往，这种交往，再好的父母也无法替代。父母管教孩子时，既要有规矩，也要给自由，保持两者平衡才能促进孩子健康成长。

第三，培养孩子的担当精神。

胆小怕事是难以与人合作的，合作需要一定的担当精神。父母可以根据孩子的年龄，让孩子做些与自己有关的事情，尽力做到自己的事自己做。这样做不仅可以减轻一些父母的负担，更为重要的是，让孩子懂得人要从小负起责任，尤其是要先对自己负责。具体做法可参考本书第一章。

第四，让孩子参与家务劳动。

学会合作可以从家庭生活开始，比如让孩子参与家务劳动。孩子其实都很喜欢有参与感，喜欢什么都上手试一下。比如，父母做饭、洗衣服的时候，孩子也爱伸手帮忙。但有的父母常常害怕孩子越帮越忙，所以都叫孩子自己去玩。这样一来，孩子就养成了旁观的习惯，什么事情也不爱做。所以，父母可以经常让孩子给自己帮忙，给孩子一些小事情做，让孩子在生活中养成合作的习惯。

第五，教会孩子把合作看作是人生规则。

父母既要教会孩子合作，同时又要让孩子按照规则去竞争，在合作中竞争，在竞争中合作。合作，是大家围绕着一个目标去做事。父母要告诉孩子，“己所不欲，勿施于人”，但同时又要告诉孩子靠自己的力量去竞争，做一个光明磊落的人。

好父母成功锦囊 III

在当今社会，合作远比竞争重要。父母切忌一味向孩子灌输“要比同龄人强”的意识，而应该克服“麻将心理”，践行双赢模式，教孩子从小养成与人合作的习惯。

要让孩子从小养成合作的习惯，可以从以下五个方面入手：第一，培养孩子心中有他人的习惯；第二，管束孩子不要过于严厉；第三，培养孩子的担当精神；第四，让孩子参与家务劳动；第五，教会孩子把合作看作是人生规则。

04 怎么教孩子和自己相处

咱们身边的很多父母，每天晚上等孩子回家之后，只会说三句话：吃饭了！作业写完了吗？早点睡！

这样的交流方式，可太简单了！你想啊，孩子不是机器人，不要看到孩子在家里坐着躺着你就放心了，我们要特别关心孩子的心理状态，还要留意他的情绪。

教孩子怎么跟自己相处，是个常常被父母忽略掉的问题。但有的时候，就是因为这样的日常忽略，会让很多孩子在遇到挫折、压力或者情绪失控的情况下，无法自我排解，也无意求助家人，最终导致孩子产生心理阴影甚至心理疾病。

所以，做父母的让孩子学会和自己相处，帮助他达到内心和谐、心理健康的状态，是非常关键的。

心理健康的内容很多，我把它简化为十二个字。这十二个字就是：认识自己、接纳自己、控制自己。

认识自己
是心理健康的前提

认识自己，自知才能自信，自信才能自强，这是心理健康的前提。孩子很多的心理问题，都是从不认识自己开始的。

有的孩子因为一次考试不及格，不敢回家，有的孩子甚至因为没考好就轻生了。特别是中考、高考前后，都是悲剧发生最多的时候。其实想想看，一次考试没考好算什么呀！但是孩子就是觉得自己完了。

宁夏十三岁的小学毕业生秀秀，因为觉得自己没考好，上不了重点中学，想到她爸爸妈妈要为她花很多钱，就自杀了。上重点中学当然好，上不了也绝不是末日来临，人生有的是机会，但是有的小孩就是想不开。

相反，一个能成功认识自己的人则拥有更开阔的人生。

王蕤曾任美国国务院特聘翻译，美中友好协会北卡州地区分会主席，她还是美国、英国、德国几家著名出版集团的签约作家，二十二岁加入中国作家协会，出版过小说《寻找的欢歌》《从北京到加州》《哈佛情人》《俗不可耐》和英文小说《莉莉》。

我曾经在王蕤十四岁时采访过她，可以说是老朋友了。其实，王蕤的成长并不顺利。在幼儿园时，由于做过扁桃体手术，她的嗓音较其他小朋友来说有点儿粗，一唱歌常引起哄笑。为此，她很自卑，甚至都不想去幼儿园了。

对此，王蕤的妈妈是怎么做的呢？她说：

> 当我知道后，差点儿回答孩子嗓音是遗传的，妈妈就嗓音不好，她当然……但转念一想，如果这样说，孩子会对唱歌永远没有信心。

我换了一种思路。我说，人的嗓音天生有差别，但唱歌按人的音域分高、中、低音区。嗓音高的人唱低音就不行，音色浑厚的低音唱高音也不合适。我给她举了个例子，著名京剧大师程砚秋根据自己嗓音低的特点，为自己设计出幽咽婉转、若断若续的唱腔，结果创造出“程派”艺术，谁都爱听。我还告诉孩子，唱歌不在嗓音粗细，首要的是音正，她要多唱，嗓子就能练好。随着年龄的增长，童音还会有变化的，说不定她以后的嗓音会变得好听。

她有信心了，经常从幼儿园一回来，就让我帮她打开收音机，开头我和她一块儿唱，后来她一个人自觉地唱。在上初中时，中央人民广播电台招收少年主持人，她去应考，主考老师说她嗓音好。

就这样，女儿开始了认识自我、接纳自我的人生旅程。

王蕤刚考入高中时，首次竞选北京中学生通讯社社长，结果失利，心情不好。我问她失利的原因，她说不知道，我让她先问问情况再说。后来她说，指导老师告诉她，失利不是由于实力，而是竞选者大多是高三学生，谁愿意选一个小同学来管自己？还有，她名字中的“蕤”难写难认也是影响选票的一个因素。她还说：“我的竞选演讲很简单，以为反正别人了解我。竞选后才发觉，很多人并不知道我。有些人看我不喜欢寒暄，觉得我这个人太傲了；相反，别的竞选者热情活跃，慷慨陈词。”我让她把这些都写进日记里，牢牢记住。

我认为她失利的原因，除了年龄小外，主要是背上了成绩包袱，没有认真准备。我指出了这些后，鼓励她下次改选社长时再去竞选，提前准备好竞选发言。第二年，她满怀信心地第二次竞选社长，结果成功了。

还有一次，王蕤考入美国著名的加利福尼亚大学伯克利分校不久，全校举行一年一度的“伯克利诗歌节”。王蕤想参加，又拿不定主意。因为这是在别人的国家用人家的母语竞赛，是否有些班门弄斧，她打电话问我的意见。

其实，她在国内也曾遇到过类似的情况。她念大学时，有一次学校外语系要进行英语演讲比赛，她是学新闻的，得和英语系的学生比高低。那次我支持她参加，结果她获得了二等奖。这次她的心情我也很理解，国外不同于国内，因为她的参赛水平实际上也代表了中国留学生的水平。我鼓励她参加比赛，我说：“你要扬长，发挥你诗歌创作的优势，发挥你在中央人民广播电台做少儿节目主持人时的朗诵优势，发挥你心理素质好、越是场面大越有激情的优势。”越洋电话鼓舞了她。她参加了比赛，朗诵了自己的两首作品，结果分获第二名和第四名。

妈妈的教育和指导让王蕤坚信：成功地认识自己，接纳自己，并且相信自己，多难的关卡都能攻克。

1998年5月，美国国务院在北卡州设考点，招聘中文翻译，报名的先决条件是在美国生活了十年以上的美国公民。

不符合条件的王蕤本不打算参加，一听条件反而刺激了她去应试。在考场上，经过多次竞争，见识广泛的王蕤，用流利而标准的美式英语对涉及美国历史、人文、政治、文化等方面知识的考题从容作答，侃侃而谈。

三个月后，她接到了美国国务院的录取通知书。事后得知，她考试的录音、录像被送到华盛顿审核，主考官很满意。于是，在众多竞争对手中，她被破例录用。

也是同年，王蕤筹组美中友好协会北卡州地区分会。一个没有任何背景的中国女孩，要把美国人组织起来从事美中友好交流活动，可见她的魄力。会员们推荐她为主席，后经上级批准正式给她发了任命书。一个比她大二十多岁的美国人当选为副主席，他对王蕤很佩服，说他能成为王蕤的副手是很幸运的。

所以，帮助孩子认识自己，就是让孩子养成这样一种心理品质：当别人把你说得像一朵花的时候，你知道自己还有毛病；当别人把你说得像豆腐渣的时候，你会说："我也没那么差，我对我自己有数。"

王蕤的经历给人许多启示。其实，每个人都有巨大的潜能，却因为无法准确认识自己而被自卑感所压倒，这是许多心理问题的根源。因此，父母应当引导孩子认识自己和相信自己，并且让孩子在实践中获得成功的体验，为孩子的心理健康打下坚实的基础。

学会接纳自己，与自己和解

一个人心理是不是健康，有一个重要的标志，就是看他能不能接纳自己。

中国青少年研究中心在一项调查中发现：40%的中小学生，不接纳自己的学习成绩；将近20%的孩子不接纳自己的相貌，会觉得自己太矮了、太胖了、单眼皮不好看，等等。

也许，我们可以给孩子讲讲意大利著名电影演员索菲娅·罗兰的故事。索菲娅·罗兰曾经得过奥斯卡最佳女主角奖，演过《卡桑德拉大桥》《烽火母女泪》等著名影片。在我看来，她之所以成功，最重要的原因就是勇于接纳自己。

索菲娅·罗兰十六岁的时候第一次拍电影，摄影师围着她转来转去，最终摇摇头、耸耸肩膀，说："太难看，没法拍。"他放下机器，跟导演发牢骚："导演，你找了个什么演员？这么难看，怎么拍都拍不出美感啊！"这个导演是意大利著名导演卡洛。卡洛一想：是啊，索菲娅·罗兰长得是有点儿怪。嘴大，鼻子高，眼睛也大，比较夸张，而且还有别的问题。后来导演卡洛就犹豫了，他把索菲娅·罗兰找来谈话。

这段谈话，后来成为索菲娅·罗兰的传记《生活与爱情》中的一个经典片段：

导演把我叫到他的办公室，说："亲爱的索菲娅·罗兰，你很有表演才能，但是我的摄影师说没有办法把你拍得美艳动人，因为你的鼻子太高了，而且你的臀部过于发达，所以你得回去处理一下，这样就能拍了。"

我说："导演，我的鼻子是高一点儿，我的臀部是发达一些，这些都是我的特点，我不愿意为拍电影改变什么。世界上的美为什么非得一个样呢？"

导演一听，觉得有道理，就向我道歉："对不起，对不起，我不该向你提刚才的问题。"

一个大导演对第一次拍电影的十六岁少女提出这样的要求，实在让人难堪。但是索菲娅·罗兰是个心理素质非常好的人，所以才有了这样的对话。那句"世界上的美为什么非得一个样呢"，很有美学见解，而这个导演也是很有悟性的。所以，导演很快表示，电影继续拍，如果摄影师抗议，那就另请高明。

最后电影拍成了，不但拍成了，而且一上映就红遍天，索菲娅·罗兰一下子成了明星。她很有才华，后来又拍了一百多部影片。2000年，她被英媒评为"千年美人"，还拥有了自己的化妆品品牌。

通过这个故事，你会发现，一个人美在哪里？美在自信，美在个性，美在自然。每一个孩子其实都有可爱之处，都有潜力，关键是要认识自己、接纳自己。

我们要让孩子慢慢接纳自己，比方说，孩子虽然成绩不好，但其他方面有好的地方。学习成绩不好的孩子，他的体育可能不错。

体育差一点儿的孩子，可能歌唱得很好。

人总会遇上不如意的事，要尝试着去接纳它。不要因为有缺陷而自卑。每个人都有缺陷，每个人都有很遗憾的事情，每个人都有很难面对的事情，我们完全不必因此去折磨自己。

接纳自己的缺陷、遗憾、失误，这一页就翻过去了。心理不健康的人，这一页永远翻不过去。他出门前就会想：哎哟，我真倒霉，我没脸见人了。要是天天一睁开眼就想着没脸见人，那真的太不值得了。

学会控制自己的情绪和行为

心理出问题的人，很多时候都是因为不能控制自己。父母要特别培养孩子控制自己的情绪和行为的能力，这个跟认识自己、接纳自己是有关系的。

在法官妈妈尚秀云送我的著作《法官妈妈给父母的90个建议》中，有一个案例就是谈缺乏自制力导致的悲剧。

> 吴明和李军都在某中学读高中一年级，两个少年学习成绩都很优秀，他们都是家里的独生子，是父母的心肝宝贝。吴明身高1.79米，他天资聪敏，爱好体育，集体荣誉感很

强，是学校足球队的队长。李军学习成绩也很好，身高1.83米，是班干部，爱交朋友，重义气。老师们都说这两个学生都有希望考上重点大学。但是谁都不会想到他们竟会因为一点儿琐事酿成刑事案件，一个命丧黄泉，一个沦为阶下囚。

那天他们正在上体育课。男生分为两组在操场上踢球，快下课的时候，吴明那一组不小心让对方踢进去一个球。吴明感到恼火，忍不住埋怨守门员："臭球，你真是个蠢货，怎么能让人家灌进去一个球呢？"

李军与守门员是好朋友，见朋友被埋怨，哥们儿义气一下子就上来了，他冲着吴明喊："进球也不是他的错，你骂人家干吗？有本事你自己守门！"

吴明一见李军帮腔，就冲李军说："又没说你！狗拿耗子多管闲事！"李军忍不住骂了吴明一句："瞧你那德行！"

吴明哪里肯咽下这口气："你骂谁？你再骂一句试试！"李军说："我就骂你了，怎么着？"吴明一听顿时火冒三丈，朝李军走了过去，挥起拳头就和李军打了起来。这时，体育老师来了，问发生了什么事，吴明告诉老师说李军多管闲事，老师规劝了他们，两个人都认了错。

本来事情到此就该结束了，可李军回到教室里越想越生气，自己身高体壮，竟然被吴明打了，还被告状说多管闲事，这是不是太窝囊了？李军实在坐不住了，从书包里翻出一把锋利的蒙古刀，别在腰里便冲出了教室。

走出教室，李军一眼看见正准备回教室的吴明，便上前一把抓住他，说："咱俩得把事说清楚。"吴明也不服软，说："说就说，你说到哪儿说，就到哪儿说。"李军说："你刚才打了我，要向我道歉，要不我就用刀扎你。"

吴明见李军抓住自己的衣领不放，急了，挥手又给了李军一拳："你有刀子，好大口气，你扎一个试试！"

李军见吴明不服，热血直往头上涌，禁不住拔出了刀。吴明见李军真的拔出了刀，转身就跑。李军在后面猛追，照着他后背就是三刀。看见血流出来，李军傻了眼。

吴明被送到医院抢救，但终因流血过多而死亡，李军因犯故意伤害致死罪被判重刑。活蹦乱跳的儿子就这么死了，吴明的父母悲痛欲绝，提出民事赔偿要求。李军的父母都是普通的知识分子，收入有限，但为了弥补孩子的过错，抚慰被害人父母，砸锅卖铁赔偿了十余万元。

经过对这两个家庭的调查，我们发现，产生这样的悲剧也并非偶然。这两个孩子都是跟着爷爷奶奶长大的，爷爷奶奶平时都告诉自家的孩子："咱在外面可不能吃亏，谁要骂你，你就骂他，谁要打你，你就打他！"这两个孩子都养成了同样的习惯，都想争先，不会谅解别人，更不能受委屈。所以在发生口角后，他们互不相让，你说我一句，我骂你一声，都想占上风，最终发展到拳脚相向，持刀行凶。

其实，他们之间素无矛盾和冲突，有时还在一起玩儿，仅仅因为足球场上的一点儿小矛盾，就毁了自己和两个家庭，这种教训实在惨痛。

据了解，李军的蒙古刀是同学作为生日礼物送给他的，他非常喜欢，就放在书包里随身携带。而他的父母，根本就不知道自己的孩子上学的时候携带着蒙古刀，更不知道这种刀属于管制刀具，不准随身携带。其实《中华人民共和国预防未成年人犯罪法》早有明文规定：未成年人的父母或者其他监护人和学校应当教育未成年人不得携带管制刀具。如果李军了解这项规定，如果其父母和学校对孩子的了解更细一些，及时发现并予以劝阻，李军的书包里不带刀，就算是真的打架了，也不至于置人于死地。

青春期的孩子容易冲动，完全失控的极端情况下就可能发生悲剧。所以，父母务必让孩子牢牢记住一个原则：不管发生了什么情况，都要有可以控制自己的能力，要对自己说："我能够闯过这个难关，我能够改正这个错误，我有希望好起来，我会一天天好起来，我再生气也不能失去理智。"

有个北京的女中学生就曾经给一个差点儿失控的女孩回信，帮助她克服心理上的困难，控制好自己。

李莉：

不要再这么自卑，不要再这么消沉下去了。抛开你觉得痛苦的一切，好好审视一下你自己吧。你是一个毫无特色的女孩吗？不，我不这么认为。虽然我们素昧平生，但你那充满激情的文笔却深深感染了我，我觉得这就是你的一个很大的优点。

你在信中提到，自从十四岁以后，你遇到了与全班同学决裂、生病耽误学习、不被老师重视等一系列问题。面对这些突如其来的问题，你像所有不成熟的同龄人一样，感觉自己就好像被判了死刑，觉得自己前途渺茫。然后你退缩了，开始封闭自己，开始逃避现实。然而，这样做的后果只会让你更加痛苦。

其实，这只不过是人生给予你的一次磨炼自己、战胜困难的机会罢了。你为什么不能勇敢地去改变这一切？命运掌握在你自己的手中啊！振作起来，让成功的荣耀回到你的身边，我相信你一定能办到。面对同学，你要敞开胸怀，真诚待人。如果你用一颗诚挚的心去与别人交往，谁会不积极响应你呢？融入集体中去，走出自我封闭的误区，你会发现，孤独对于你只是一个遥远的过去，生活是多么美好。

台湾著名女作家三毛在她十三岁的时候，因为被老师羞辱而患了严重的自我封闭症，一直到十七岁都辍学在家，不与生人接触。但后来她通过自身的努力，一改少年时期的忧郁，变得开朗、热情，走过无数个国家，她的作品和她本人都深受读者喜爱。我举这个例子，就是想告诉你：你的未来还长着呢，现在所发生的一切只是你生命中的一段插曲，走过这片雨季，等待你的将是明媚的春天。

李莉，坚强一些！《少年文艺》编辑部委托我回信给你，作为一个同龄人，我相信你一定能走出眼前的困境。当你战胜了挫折，那种快乐将无与伦比，那将是生活赋予勇者的最好奖赏！

一个理解你的朋友

健康的心理极其重要。父母一定要想一想，自己在关心孩子学习成绩的同时是否关心了孩子的心理健康。

生活中谁都有倒霉的时候，倒霉的时候你可以试着去调解与控制自我，你就想：天黑到最黑的时候就快亮了。正如诗人雪莱所说：冬天到了，春天还会远吗？父母一定要让孩子有这种信念，这样他就不会出大的问题。

我讲了心理健康的十二字秘诀：认识自己、接纳自己、控制自己。它其实对每一个人都有用，对父母尤其有用。父母特别要学会控制自己。一旦涉及孩子的问题，有些父母就会控制不住自己的情绪，会滔滔不绝、劈头盖脸地把孩子训得信心崩溃。有的父母说话特狠：我看你将来就是扫大街的料了，我看你将来就是进监狱的料了，我看你将来就怎样了……其实没那么严重。我们要控制自己，控制自己的言行，要对孩子抱有信心。只有让孩子充满信心，他才能迈过人生中的一个又一个坎。

好父母成功锦囊 IV

让孩子学会和自己相处，帮助他达到内心和谐、心理健康的状态，对父母来说非常重要。

▼

我将心理健康的秘诀简化为十二个字：认识自己、接纳自己、控制自己。认识自己是心理健康的前提，认识自己才能接纳自己，接纳自己才能控制自己。

▼

父母要特别培养孩子控制自己的情绪和行为的能力，让孩子做自己身体和思想的主人。

05 孩子做事没计划、没条理，怎么办

一个小学生做事非常磨蹭，每天没有多少作业，但都要拖到很晚，熬得他妈妈是又气又急。

有一次，妈妈想了一个办法。她跟儿子约定，每天做作业的时间只有半小时，过了这半个小时，就不能再往下做了。接着，妈妈把闹钟上好，之后，儿子开始做作业。那天，半小时一到，闹钟就响起来，儿子果然没做完作业，还差两道题。这下孩子慌了，他一向拖拉惯了，第一次遇到这样的问题。他向妈妈投去求助的眼神，但是，妈妈毫不犹豫地说："时间到了，你不要做了，睡觉吧。"

第二天，妈妈把儿子没做完作业的原因告诉了老师，老师也支持妈妈的做法，把孩子批评了一顿。孩子记住了这个教训。这天晚上，妈妈又上好了闹钟，儿子一开始做作业就很注意抓紧时间，效率明显提高，居然顺利地在半小时内完成了作业。

打这以后，儿子做作业的速度和质量都不断提高。而且，做其他事情的时候，他都会有意识地给自己设定一个时限，有计划地去做了。

看完这个故事，你有没有发现，孩子的拖延症其实是有办法解决的，关键是他内心有没有动力，对自己要做的事情有没有规划。

引导孩子养成做计划的好习惯，学会有条理地生活，离不开科学的态度。也就是说，父母要教会孩子遵循科学规律，不能冲动、蛮干、乱计划。具体要怎么做呢？我认为可以从下面的三个方面入手。

培养孩子 做事有条理的好习惯

很多孩子经常忘这忘那、丢三落四的，这就是做事缺乏计划性和条理性的表现，如果不改变，就会带来不断的麻烦。

那该怎么办呢？我的一个作家朋友庄大伟就通过科学引导，让女儿养成了做事有条理的好习惯。比如，他建议女儿，把家里的书籍重新分类摆放。以下是他的叙述：

> 我喜欢收藏。我觉得，一个好的收藏家，不仅是个知识渊博的人，还是某一方面的专家，同时他必定是个工作、学习和生活都很有条理的人。当然，他一定在他的收藏活动中获得了许多的乐趣。
>
> 我接触的好多少年朋友做事情都没有条理。我女儿就是其中的一个。
>
> 女儿也有一些属于她的书，尽管不算多，可真要找需要的书时，却常常找不到。
>
> 于是，我就引导她去培养一些收藏的爱好。
>
> 她忽闪着眼睛，问我，该收藏些什么呢？
>
> 我说，什么都可以，比如你喜欢画画，那就可以收藏

各种美术作品。

她说，那很容易，我会收集好多好多画片的。

我说，收藏，“收”是容易的，“藏”就不容易了。

她问，怎么不容易？

我说，“藏”就是会分门别类，学会条理化。

她又提问，如何使“藏”分门别类条理化呢？比如说藏书。

于是，我就给她介绍起近年来国际上流行的一种“资料十进分类法”。这种分类法就是把所有的资料由粗到细分成类、纲、项、目四个层次，每一层次以“0”到“9”为记号分成十等份。于是，全部资料便可分为十类、一百纲、一千项、一万目（当然还可以继续往下细分）。

一般来讲，“类”代表知识体系，“纲”代表专门知识，“项”代表专业，“目”代表形式。如，知识可分成十类：A. 哲学；B. 历史；C. 社会科学；D. 自然科学；E. 工程、技术；F. 产业；G. 艺术；H. 语言学；I. 文学；J. 总类（即不包含在以上九类之内者）。

我对女儿说，你的书籍也应该有个科学合理的分类。

那么，如何合理地把书放在书橱里呢？女儿问。

我又说，你喜欢把同一开本的书籍放在一起，这样一来，书橱里看上去是比较整齐美观了。可是，由于是没有分类放书，对以后的查阅会带来很多的不便。所以，我觉得书籍的放置应以方便为首要条件。书籍还是分类放为好。经常需要使用的书籍，要放在醒目处，比较容易拿到，比如我们平时常用的字典、辞典等工具书。近期在看的书，放在比较容易拿的地方；经常可能会翻阅的书籍，也要放在比较好找的地方；而暂时不看的书，则可放在其他地方，但也要心中有数，需要时能找得到。

女儿听了似乎颇为满意。

那以后，女儿开始收集各种美术作品，画报上的、挂历上的、明信片上的，乃至饼干、糖果包装纸上的图案，等等，不胜枚举。她开始懂得分门别类，把不同题材、不同样式的美术作品，分装在几只大纸袋里，并且在纸袋上注明编号，写清目录。

她时常拿出来，兴致勃勃地欣赏这些美术作品，临摹它们。

她欣喜地告诉我，收藏有好多乐趣，最使她获益的是她懂得了如何做事有条理，如何使自己的学习与生活变得有条不紊。

她现在的书包整理得很有条理。老师上课时说要取出哪一本书，她不用把书包取出来，只需把手伸进书包里，就能摸到第几本书是什么书。而过去，她的书包里乱糟糟的，还常常忘了带上应该带的课本和作业。

女儿现在开始收集邮票，而且是专收动物专题的。为了收藏一套稀有动物的邮票，她常常跑集邮市场，相当投入。

一天，她突然指着我陈列在书橱里的历年的编年集邮册，对我说，您这不算是集邮，一年一本，是在买邮票。

这怎么能说是“买邮票”呢？

女儿振振有词地说，收藏，就是要能够分门别类，系统化、条理化。比如集邮，得编排出不同的专题。她就要编排出一组组关于动物的专题（她举例说，比如“神秘的海洋”“森林里的音乐会”“鸟的天堂”等）参加集邮展览。

我打量着女儿，不由得开始刮目相看。

做事有条理，不仅是做事有效率的保证，而且会使人养成审美的习惯。也许，只有养成审美的习惯，才能真正有耐心做到计划性和条理性，求美之心也有助于善始善终。善始善终对于儿童来说是困难的，却又是十分必要的。**用过的东西放回原处，这不仅有助于培养儿童思维的有序性，也有助于其责任心的养成。**对于父母与教师来说，或许用一百次机会才可以帮助儿童养成某种文明习惯，但若错过最佳教育时期，千次万次也是枉费心机。

除了上面这一招，要做到做事有条理，还有一个小技巧，就是当孩子提出某个请求的时候，你可以问一句：“你的计划呢？”只要他习惯了在行动之前做计划，你就会发现，孩子悄然间发生了变化。如果我们再进一步，耐心地与孩子讨论计划，把计划变得更具可行性，那么，孩子就会慢慢地成熟起来。

从童年时代开始，德国的父母就非常注重有意识地引导孩子养成严谨的好习惯。比如，孩子心血来潮地提出“爸爸，我想明天去爬山”时，爸爸不会简单地说“行”或“不行”，他可能会问：“你的计划呢？你准备怎么去呀，跟谁去呀，带不带午餐，到哪个地方去？”如果孩子回答：“我还没有想过。”爸爸就会说：“你没想过的事不要做。”德国人特别讲究让孩子做计划，老问“你的计划呢”，以告诫孩子不能心血来潮。这些从小养成的习惯就为德国人严谨的做事风格打下了坚实的基础。所以，习惯的培养是非常重要的。

让孩子在试错中走向独立

孩子在成长的过程中必定要经历一些磨难。磨难是人生最好的历练，大凡有作为的人都是在磨难中成长起来的。如果大人替孩子打理好一切，化解掉所有麻烦，让其一时顺利了，却有可能会换来孩子终生的软弱和依赖。

在一次夏令营中，辅导员老师晚上查铺，看见某张床底下竟然还躺着个人。老师心里一惊，拿手电筒一照，发现躺在床下的人是床上学生的爸爸。这个爸爸不好意思地解释说：“我儿子睡觉不老实，总是蹬被子，有时候会从床上滚下来，我担心啊。您别声张，明天天不亮我就偷偷回去，您千万别让大家知道。”

北京市西城区一所中学的老师告诉我，他们学校组织学生周末参观军事博物馆，有些学生的父母不同意孩子去。老师很不解，就去找这些父母了解情况，结果很多父母的理由竟然是：孩子没去过军事博物馆，怕孩子找不到路走丢了。

我曾目睹过这样一个场面：一个妈妈送读初中的儿子上学，同学们见了都挤眉弄眼，妈妈刚离开，孩子们就嚷了起来："宝贝，妈妈送来的？""你真是个乖儿子啊！"对孩子过度保护的父母也许不会想到，你过度关爱的举动可能会让孩子很尴尬！久而久之，孩子会因为父母事无巨细的包办而能力低下，并因无能而自卑，因自卑而愈加无能，如此循环，后果可想而知。

父母生儿育女，同时承担着爱的责任：培养孩子全面发展、拥有健全人格。因此除了学习，更要注重品德、性格、体质等多方面的培养。单纯注重学习的教育，培养出来的孩子是畸形的，他们不能真正适应未来生活，独立性、动手能力、与人交往与合作等方面都会有缺陷。大家一直以来所说的"高分低能"，就是这类缺陷的形象化表述。有人认为"高分低能"是独生子女的通病，把原因归结为独生。事实上，任何一个孩子，无论是独生还是非独生，作为自然人来到世上，并没有本质的差异，而是在后天的社会化过程中，受到父母的教育和环境的影响，才形成了不同的品质和能力。

例如，不少孩子有一个毛病，就是懒。五六岁了还不会穿衣服，上小学了还不会收拾书包，上中学了还不会梳辫子……孩子的懒是天生的吗？不是！是后天养成的，是大人包办惯出来的。在许多父母看来，孩子的唯一任务就是学习，而劳动是孩子的负担，负担重了必然影响学习，所以心甘情愿地把学习以外的事情全部包揽下来。这就难怪一些孩子走到社会上遇到问题时会那样束手无策！

尤其是一些独生子女的父母，总有这样的担心：就这么一个心肝宝贝，出了事还了得？再说，孩子年纪小，经验少，大人多操点儿心能让他少走一些弯路。

父母的担心是可以理解的，问题是爱孩子是为了什么呢？是让孩子健康成长，学会生活所需的本领，成为一个独立的人？还是让孩子永远长不大，事事都要靠别人操持？毫无疑问，答案应该是前者。

那么怎样让孩子走向独立，照料好自己的日常生活呢？

让我们再来看一个例子：

威尔逊要到山里去参加为期两天的野营活动。

学校向他们介绍了营地的一些情况，并为他们的准备工作提出了建议，让孩子们自己回家去准备营地生活用品。

妈妈问威尔逊是否需要帮忙，威尔逊说自己能够照顾自己。

在他出发前，妈妈检查了他的行李，发现他的衣服没有带够，因为山里要比平原冷得多。显然，威尔逊忽视了这一点。妈妈还发现他没有带手电筒，这是野营时经常需要带的东西，但是妈妈并没有给他更多的提示。

威尔逊高兴地走了。过了两天，等他回来时，妈妈问："怎么样，这次玩得开心吗？"

威尔逊说："我的衣服带得太少了，而且由于我没有带手电筒，每天晚上都要向别人借，这两件事搞得我好狼狈。”

妈妈说：“为什么衣服带少了呢？”

“我以为那里的天气会和这里一样，所以只带了平常穿的衣服，没有想到山里会那么冷！下次再去，我就知道该如何去做准备了。”

“下次如果你去佛罗里达，也带同样的衣服吗？”

“不会的，因为佛罗里达很热。”

“是的，你应该先了解一下当地的天气情况，再做决定，是吗？那么，手电筒是怎么一回事呢？”

“我想到要带手电筒，可我忙来忙去，最后把手电筒给忘了。我想，下次野营时我应该先列一个单子，就像爸爸出差时列的单子一样，这样就不会忘记东西了。”

你看，威尔逊的妈妈发现问题之后，并没有直接提醒威尔逊：你的计划不周全。而是先让威尔逊根据自己的安排去体验，在他得到经验之后，再引导他思考计划的完备性。在简单的一问一答中，妈妈就帮助威尔逊总结了计划不周到的教训。

威尔逊的妈妈选择让孩子在体验中尝到自然惩罚的后果，从而学会采用科学方法。这种方式有点儿狠心，但也有智慧，特别值得我们学习。

从小事开始，教孩子追求效益

在培养孩子学会做事的同时，还应该教他学会追求效益。

说到“效益”这个词，你可能会想到巨大的工程，或者巨额投资，好像跟孩子的世界离得很远。其实，从小培养孩子追求效益的习惯，恰恰是为他成就高效益的人生做准备。

追求效益的习惯包括：

1. 勤俭节约；
2. 节省时间，做事不拖拉；
3. 乐于接受新思想、新方法和新技能；
4. 注重节省成本等。

显然，孩子在这些方面是大有可为的，但是对于他们来说，首要的是学会珍惜时间。

我熟悉的多个成功人士，都是充分利用时间的高手。比如，教育家朱永新教授，他是民进中央副主席、全国政协常务委员兼副秘书长，又是苏州大学的博士生导师，该有多忙啊！可是，他却不断出版新的著作，他的十六卷教育文集被国际著名出版公司翻译出版。

朱永新成功的秘诀之一，就是从小养成了每天早起读书学习的习惯。他每天早晨五点起床，在上班之前读书学习两个小时，并且坚持了五十年以上。不管是谁，能够这样做都会脱颖而出的。

现在想来，能成就一番大事业的人，对自己的时间规划都是非常严格的。

《中国妇女报》曾经刊登了一篇介绍人体每天24小时状况的文章：

1：00 处于轻微睡眠状态，人很容易醒来，此时特别容易感到疾病的存在。

2：00 除肝脏外，大部分人体器官基本停止工作，肝脏则利用这段空闲时间紧张地工作，人体正经受着自身的“大清洗”。如果此时想喝点儿什么，千万不要喝咖啡或茶，特别是酒精类饮料，最好喝一杯水或牛奶。

3：00 机体处于休息状态，体力几乎完全丧失，此时的血压、脉搏和呼吸都处于最弱状态。

4：00 呼吸仍然很弱，大脑的供血量最少，机体处于最微弱的循环状态，此时人容易死亡。但此时人的听力很敏锐，极易被微小的动静所惊醒。

5：00 人已经经历了几次梦的过程，如果此时起床就能很快进入精神饱满的状态。

6：00 血压上升，心跳加快，此时机体已经苏醒。

7：00 人体的免疫力特别强，如果此时受到细菌或病毒的感染，人体能够轻易战胜它们。

8：00 机体休息完毕，这时千万不要喝酒，喝酒会加重肝脏的负担。

9：00 兴致升高，病痛感减弱，心脏全力工作。

10：00 积极性上升，人体处于最佳状态，痛苦烟消云散，热情将一直持续到午后，任何工作都能够胜任，此时喝茶聊天，将虚度一天中最清醒的时刻。

11：00 心脏有节奏地继续工作，并与我们的心理积极保持一致，此时几乎感觉不到大的工作压力。

12：00 人的全部精力都已被调动起来，此时不应吃大量食物，最好晚一小时吃饭。

13：00 肝脏休息，血液中溶入一些糖原。白天第一阶段的兴奋期已过，感觉到有些疲劳，应适当休息一下。

14：00 精力消退，此时是24小时周期中的第二个低潮阶段，反应迟缓。

15：00 重新改善，感觉器官此时尤其敏感，特别是嗅觉和味觉（美食家大多选择此时吃饭），之后人体重新走入正轨。

16：00 血液中糖的含量升高，一些医生把这一过程称为“饭后糖尿病”，但这却不是病，兴奋期过后开始衰退。

17：00 效率仍很高，运动员此时应加倍努力训练。

18：00 人的肉体疼痛感重新减弱，想多运动的愿望上升，心理兴奋渐渐下降。

19：00 血压上升，心理稳定性降到最低点，人们很容易激动，常会因一些小事而争吵。此时对过敏症患者来说不太好过，开始头痛。

20：00 此时人的体重最重，反应出奇地敏捷，司机处于最佳状态，几乎不会出事故。

21：00 精神状态一般，学生和演员非常清楚此时的记忆力特别好，善于记忆白天记不住的课文和大段台词。

22：00 体温开始下降。

23：00 人体准备休息，细胞修复工作开始。

24：00 如果我们在此时休息，那么无论是机体还是大脑都将排除一切干扰，人会很快进入梦乡。

基于上述研究，父母是否应当引导孩子想一想，该制订一个怎样的学习计划和作息时间表，让孩子的学习与生活更有效率呢？

成功的事业离不开周密的计划和有效的奋斗。我们都鼓励孩子走向成功，却又太纵容孩子的心血来潮和胡思乱想，尽管这的确是儿童期的正常现象。

假如，当孩子提出某项请求时，我们像德国的父母那样，总是轻轻地问一句：“你的计划呢？”结果可能大不一样。

当儿童逐步习惯了行动之前做计划后，神奇的变化就开始了。如果我们耐心地与孩子讨论计划，并使计划趋于可行，那么，孩子也会渐渐地成熟起来。

好父母成功锦囊 V

孩子做事没计划，缺条理，该怎么办呢？父母应着手培养孩子的效率意识，引导孩子养成做计划的好习惯，建议从以下三个方面入手：

第一，教孩子有条理地做事，对任何事都要保持耐心，尽量善始善终。

第二，适当让孩子试错，总结经验教训，引导其思考计划的完备性。

第三，教孩子追求效益，制订合理的学习计划和作息时间表，为自己的梦想而奋斗。

06 自理能力与自理习惯从哪里培养起

你在什么时候最担心孩子的自理能力与习惯呢？可能不是在他读小学的时候，因为那时家里人至少能天天照顾到孩子。等他要外出参加夏令营之类的活动，或者要上中学了，可能要住校的时候，有些父母就会担心了：他能适应集体生活吗？饭会好好吃吗？作息能规律吗？等到孩子要上大学，尤其是要出国读书的时候，父母可能会更加担心：孩子出去能不能好好照顾自己呢？

随着孩子一天天长大，他们迟早有独立生活的那一天，有些父母很有超前意识，从小就很注重培养孩子的自理能力与习惯。但更多的父母，把这件事拖到了孩子成年，后果就是，一大批独生子女在离开家以后才发现：离了父母，自己根本不能好好生活。

据2020年3月19日的《北京晚报》报道，孙先生的儿子在意大利留学，因为不会做饭，总是蹭同学的伙食，疫情发生后限制出入，日常生活陷入困境，强烈要求回国。王女士的女儿同样在意大利留学，她不仅会做饭，还通过视频跟妈妈学会了炖牛腩、糖醋里脊、卤肉饭等美食，与另外两个女生安心坚守在意大利，避免了长时间飞行的各种风险。其实，宅在家里防疫的每个人都深切体会到了生活能力的重要性。生活能力反映实践智力，而实践智力乃三大成功智力之一，对适应社会与获得人生幸福至关重要。所以，日本颁布《食育基本法》，并把食育视为德、智、体各育的基础。可是，有多少送孩子赴外地求学或出国留学的父母，教会了孩子做饭洗衣呢？

所以，为了不让孩子在离家后陷入无助，父母要从小培养孩子的自理能力与习惯。问题是，从多大开始培养呢？又从哪儿开始培养起呢？

作为一名教育研究者，我的观察是，多小开始都不算早，从上幼儿园特别是上小学的那一天起，就要慢慢开始有意识地培养了。培养的起点也不用很正式，就从最简单的家务活做起。

千万不要小看做家务的意义，家务的本质是劳动。其实很多父母心里特别清楚，孩子的自理能力弱，多半就是因为平时在家不做家务。不做家务好像为孩子攒下了学习的时间，但很多父母意识不到，这样做的损失可能更大。

爱做家务的孩子成才率高

哈佛大学的一些社会学家、行为学家和儿童教育专家曾经花了将近20年的时间，跟踪调查了波士顿地区456名美国的少年儿童，发现爱做家务的孩子与不爱做家务的孩子相比，长大后的失业率为1：15，犯罪率为1：10，平均收入要高出20%左右。此外，爱做家务的人离异率、心理疾病患病率也较低。

哈佛大学的这项研究结果曾经在教育界引起过相当大的反响，因为它证明了一件事，那就是家务劳动并不是可有可无的，它和一个孩子的成长有着极其密切的关系。

专家们分析说，让孩子从小做些家务，可以培养他们吃苦耐劳、珍惜劳动成果、珍重家庭亲情、尊重他人等品质，长大以后他们自然比那些“四体不勤”的孩子更有出息。

因此，父母有责任让孩子意识到劳动的重要性。实际上，劳动也是一种很好的放松方式。下面这个例子里的父亲就做得很好：

这套自创的放松计划会让一些父母觉得很“奇葩”。女儿也曾经不解地问我：“老爸，这些针线活你为什么要自己做呢？”我以前会跟她说这是为了让妈妈轻松一些，现在我会说：“手部在运动中会承受很大的压力，但是这种精细的劳动会让手部的肌肉慢慢放松，达到不一样的效果，又恰好做了家务，不是一举两得吗？且不说缝个边边角角，像钉子母扣这种‘高难度’的工作，其实真的需要双手好好配合，长期受力压迫的手腕会因此得到放松，这甚至比一些拉伸动作效果更好。”

除了做手工活，厨房也是我放松的好地方。我的主要任务很多人都想不到，就是剥蒜。有过剥蒜经历的人都会对这件事情“深恶痛绝”，但我却甘之如饴。不说别的，要想成功剥开一瓣蒜，需要集中注意力，双手配合好，手部和腕部就在这个过程中慢慢地放松了下来。我带领女儿一起剥蒜，想想对于身体正在发育的她而言也是很好的；对于妻子而言，更是省了她的大麻烦。

当然，我也会用其他的方式来放松。比如和女儿共同洗晒床单。很多父母会觉得，手洗床单不是太费力气了吗？我不这样认为，用搓衣板洗衣服动用了上半身的很多肌肉，尤其是胳膊、腰腹和后背，而我与女儿最热衷的项目是双人拧床单和抻床单。女儿有时候拧床单甚至会跟着床单转一个圈，而把很大的床单拉平，需要双人的动作配合，这让刚刚因洗床单而酸累的胳膊得到了拉伸。这个活动也很好玩，两个人对折床单的时候总让人想到童年的乐趣。

我还跟女儿发明了“多动型人肉擦地板”。因为家里铺了木地板，擦地在所难免。我在网上购买了那种能套在手脚上的木地板拖布套，我们或蹚着走，或者学小猴子手脚着地走，或者学蚕宝宝一撅一撅地走。总之，我们穿着旧衣服，用各种姿势来回滚爬着。我家的地面就像我们的按摩毯，我们在劳动的过程中也逐渐放松了全身。……我希望通过和孩子一起劳动，将劳动是有趣又有用的观念传递给孩子。

——选自《少年儿童研究》2014 年第 11 期《欢乐度过“欺骗日”》，作者：青山

你看，这个父亲并没有用“劳动最光荣”，或者“你就体谅体谅妈妈”这种老调子来说服女儿干家务，他很巧妙地换了一种说法来“引诱”女儿，他女儿刚好就吃这一套。

这个父亲难能可贵的地方就在于，他有培养孩子从小干家务的意识，但他没有用父亲的身份去直接下命令，而是带着孩子共同参

与，在这个过程中，父女俩都放松了全身，同时还给女儿传递了一种观念——劳动有趣又有用。

国外的父母怎么培养孩子的劳动能力

在许多发达国家的家庭里，父母普遍重视从小培养孩子的劳动能力和吃苦精神。媒体曾就各国小学生每日家务劳动时间披露过这样一组调查数据：美国1.2小时，韩国0.7小时，英国0.6小时，法国0.5小时，日本0.4小时；而中国0.2小时，即每天仅12分钟，城市里的孩子家务劳动的时间更是少之又少。

在美国，父母从孩子小时候起就让他们认识劳动的价值。美国的各个幼儿园都设有美劳角、木工角等，老师也经常对孩子们讲述节约和保护森林、海洋等资源的重要性。据国际儿童机构的统计，世界各国儿童中，美国儿童干家务活最多，时间也最长。

网上曾经流传一份“美国孩子家务清单”：

9～24个月：可以给孩子一些简单易行的指示，比如让宝宝自己把脏的尿布扔到垃圾箱里。

2～3岁：可以在父母的指示下把垃圾扔进垃圾箱，或当父母请求帮助时帮忙拿取东西；帮妈妈把衣服挂上衣架；使用马桶；刷牙；浇花（父母给孩子适量的水）；晚上睡前整理自己的玩具。

3～4岁：更好地使用马桶；洗手；更仔细地刷牙；认真地浇花；收拾自己的玩具；喂宠物；到大门口取回地上的报纸；睡前帮妈妈铺床，如拿枕头、被子等；饭后自己把碗盘放到厨房水池里；帮助妈妈把叠好的干净衣服放回衣柜；把自己的脏衣服放到装脏衣服的篮子里。

4～5岁：不仅要熟练掌握前几个阶段要求的家务，并能独立到信箱里取回信件；自己铺床；准备餐桌（从帮父母拿刀叉开始，慢慢让孩子帮忙摆盘子）；饭后把脏的餐具放回厨房；把洗好烘干的衣服叠好放回衣柜（教给孩子如何正确叠不同的衣服）；自己准备第二天要穿的衣服。

5～6岁：不仅要熟练掌握前几个阶段要求的家务，并能帮忙擦桌子；铺床，换床单（从帮妈妈把脏床单拿走，并拿来干净的床单开始）；自己准备第二天去幼儿园要用的书包和要穿的鞋（以及各种第二天上学要用的东西）；收拾房间（会把乱放的东西捡起来并放回原处）。

6～7岁：不仅要熟练掌握前几个阶段要求的家务，并能在父母的帮助下洗碗盘，能独立打扫自己的房间。

7～12岁：不仅要熟练掌握前几个阶段要求的家务，并能做简单的饭；帮忙洗车；吸地擦地；清理洗手间、厕所；扫树叶，扫雪；会用洗衣机和烘干机；把垃圾箱搬到门口街上（有垃圾车来收）。

13岁以上：不仅要熟练掌握前几个阶段要求的家务，并能换灯泡；换吸尘器里的垃圾袋；擦玻璃（里外两面）；清理冰箱；清理炉台和烤箱；做饭；列出要买的东西的清单；洗衣服（全过程，包括洗衣、烘干衣物、叠衣以及放回衣柜）；修理草坪。

之所以要特别重视培养儿童的劳动习惯，是因为这既满足了儿童成长的需要，又培养了孩子的主人翁意识，并且帮孩子掌握了独立生活的技巧。所以，劳动是一举多得的良好教育。

会做饭的孩子走到哪里都能活下去

在日本有一个叫安武千惠的年轻妈妈，她在得知自己身患癌症将不久于人世后，担心自己四岁的女儿将来可能会忍饥挨饿，便决定教会女儿做饭。在她去世之前，五岁的女孩已经完全可以自己照顾自己了。这种母爱是伟大而理智的。后来，这个妈妈教育孩子的经历被写成一本《会做饭的孩子走到哪里都能活下去》的书，广泛传播，感动了许多读者。

千惠的这本书里有很多珍贵的观点值得现在的父母借鉴，她认为，教孩子劳动实际上是把生存的技能传递给孩子，而这才是孩子的安身立命之本，也是父母最重要的养育职责。

由于病情不断加重，千惠会在博客中写下自己对于疾病、生死的思考，她没有让自己因病沉沦，疾病反而激发了她的生活智慧和育儿潜能。对于阿花的教育，千惠一直贯彻着自己的原则：

——与物质的丰盛相比，精神上的富有才更加宝贵。她希望阿花对过度消费保留质疑，生活上不一味依赖方便的东西，掌握顽强生活的本领。

——让阿花做家务，实际上是把生存的本领传授给了她。

——我们比孩子先来到这个世上，同样也会比孩子先离开这个世界。我们走了，把孩子留在世上……孩子总有一天要独自生活，这种顺理成章的事情，我们在平时的生活中却很少意识到……不论父母是生病还是去世，孩子都能一个人活下去——父母要以此为己任，来教育子女。

以上的想法是很"老百姓式"的，平实之间道出了广大父母的心声。其实对于已为父母的人而言，"活在当下"往往显得言不由衷。我们总会不由自主地去为孩子设计将来，为他们扫清周围的障碍，防止他们受伤害。

有时我们也会抱着"将来万一只有孩子一个人可怎么办"的想法，于是竭尽所能地让他们吃好穿暖，敦促他们好好学习，还会为他们选择职业。这些都没有严重过错，只是父母需要反省一下：如果没有我们做这些，孩子还能生活吗？他们怎么生活？

千惠在临近死亡时，更加坚定了“自己死后，也不能让阿花成为没娘的可怜孩子”的想法，要让女儿保证生活质量，不是在还活着的时候让她享受更多，而是“只要是阿花力所能及的，我都想让她自己来，这样有一天我不在了也没关系。衣服翻着脱下来，我就翻着还给她，让她自己整理好。去保育园前的准备工作，我丝毫不帮忙。家务活也尽可能让她打下手。我希望女儿一个人也能顽强而茁壮地活下去”。

千惠是这样想的，也是这样行动的。进行生存教育，也是紧紧围绕餐桌和吃开始的。“填饱肚子是最基本的嘛”——相信千惠那时也坚定了这样的信念。在日本，妈妈们允许小孩开碗柜门，并且也很鼓励孩子们使用厨具或者用儿童厨房用具，让孩子学习切一些柔软的物品。

阿花四岁时，千惠送给阿花的生日礼物是一条围裙。

今天是女儿四岁的生日。

我还不想死，所以没有为死亡做准备。

不过，只要时间允许，我想尽力帮助她开辟自己的人生之路。

因为孩子是上天赐予我的礼物。

而她迟早会松开我的手踏上旅程。

虽然早了点儿，但我想在今年，也就是她四岁的时候一点点教她做饭。

礼物是一条围裙，

还有一个用爱心和阔叶山麦冬编制的心形花篮。

……

阿花是上天赐给我的宝贝，我要用心把她养大，十几年后让她好好地回馈社会。

我不禁再次这样想。

功课和体育都无所谓，就算她什么都不会也不要紧。只要别给人添麻烦，能够健康幸福地生活，我就满足了。

……

阿花五岁了。从前天开始，我把准备早饭的工作交给她了。我也会帮忙。

尽管阿花用刀的样子看上去相当吓人，可我还是忍住没出声，也没伸手。

“阿花，不拿菜刀的那只手要像猫爪子那样收起来哟！手指伸出来很危险哟！”“这回咱们来磨磨米。小心点儿哟，一粒米里可有七个神仙哪！”

味觉养成的过程很神奇，它不仅将母亲对孩子的感情

融入到食物中，更是将母亲的人生观、价值观传递给了孩子：对于一道菜如若很在意、很用心，做出的饭菜就会吃着很香，而做饭的人最享受的时刻，其实就是看着吃饭的人喜欢吃自己做的食物等。这种利他、回馈的品格在做饭、品尝中慢慢传递给孩子，与此同时，“有生活能力，能做很多家务是了不起的”的观念，千惠也在临终前让阿花理解到位了。

丈夫信吾作为旁观者，更加清晰地看到千惠对阿花细致入微的技能训练。

2008年2月一个寒冷的早晨，阿花的身影出现在厨房里。

千惠在教刚满五岁的阿花如何用菜刀。阿花正用刀切着放在她小手掌上的豆腐。听保育园的西园长说，要让宝宝知道刀刃和手掌接触时的感觉，还要注意不要让刀切到手，这些都是很重要的。

阿花踩着脚凳，切好砧板上的蔬菜，然后把萝卜和生姜擦成丝。

熟练一些后，阿花也开始用火了。千惠做酱汤时先把火关上，然后教阿花如何放入大酱，还告诉她蔬菜的皮和根也可以吃。

“妈妈，要放多少大酱呢？”

“你自己尝尝看。”

不发言，不帮忙。“教孩子做事情时，最重要的就是尽量让孩子独立思考和体会，自己把事情做完。”千惠总是这样说。这看起来简单，对父母来说却是相当难的。

虽然要求严格，但阿花做错了，千惠也绝不批评她，而是让她再反复做上几遍。有时饭做砸了，她就和阿花一起找原因。

我由此不禁想到很多妈妈都提过的问题：我的孩子不踏实。千惠给了这个问题很好的注解：安静、沉稳地过好日常生活，就能让孩子踏实下来。“为了孩子，我们这些大人应该给他们留下些什么？如何才能消除他们心中对未来隐隐的不安？……我觉得线索似乎就在每天的生活中。”当孩子会做一道菜，自然、不计报酬地共同参与家庭事务时，他们小小的心其实是高兴并且安稳的。

——选自《少年儿童研究》2014年第7期《传授给孩子生存的能力——推荐〈会做饭的孩子走到哪里都能活下去〉》，作者：孔洁行

《会做饭的孩子走到哪里都能活下去》这本书很薄，我读了却感到内容极其厚重，因为它涉及家庭教育中的一个根本的问题，即如何让孩子学会做人。如果不会做饭，怎么可能理解生活的艰辛与乐趣？又怎么可能从容地过一生？对儿童来说，终身受益的教育一定是生活教育。

所以，明智的父母要积极引导孩子参加各种劳动，并通过劳动实践培养孩子的自理能力、独立意识和责任感。

好父母成功锦囊 VI

孩子的自理能力与习惯要从小培养，最合适的培养起点就是做家务。

▼

让孩子多做家务，对他来说有三重意义：第一，让他学会自理，学会生活；第二，帮他完善自己的人格；第三，帮他逐步提高自己的生存技能。

▼

明智的父母不会用生硬的命令去逼迫孩子干家务，而是会带着孩子共同参与，让孩子明白，劳动有趣又有用。

07 儿童特别需要成功体验

让我们回想一下，在小时候，是不是总会受到批评？作业写错了，被老师批评；成绩没考好，被爸爸妈妈批评；玩的时间长了，被爷爷奶奶训斥……可是到现在，你还能很清楚地记得长辈们训斥你的话语吗？可能大多数人都不记得了。但是，父母的每一句夸奖，我们却记得很清楚，因为那是一种成功的体验。其实，在一个孩子成长的过程中，让他们记忆最深刻的不是长辈的批评，而是那些难得的赞扬。每一个人都希望得到别人的赞扬，孩子也不例外。

比起批评，赞扬对孩子的影响更大

一个名叫李丽的母亲，回忆起自己的童年生活时写道：

> 几乎所有的孩子都会挨父母的打骂训斥，我也不例外。但我早已记不清我为什么挨骂，哪怕是打得很疼的那一两次；父母老师的夸奖，我却记得很清楚。
>
> 比如，刚上学不久，妈妈有时向邻居夸我一回来就先

写作业。其实，当时我也不清楚先做和后做有什么区别，但听到夸奖后，就每次放学回家都先做作业，即使想出去玩，也能按捺住，为的就是听妈妈的夸奖。

再比如，小学三年级的时候，妈妈开家长会回来后说老师夸奖我泼辣。我不懂什么是泼辣，妈妈就解释说："老师表扬你上课大胆发言，能在班里承担工作。"我真高兴，老师夸我呢！

从此，我发言更积极了，还和另一个同学承担起我们班每周出一期黑板报的任务。班里的文体活动我都积极地参加，几乎每年接力赛我都是第一棒。排演高中毕业典礼合唱，没人敢承担指挥的任务，大家推举我，我就干干脆脆地去干。直到如今，我身上那股敢拼敢闯的劲儿可能就源于老师当初的一个"泼辣"的评价。

儿童因为缺乏经验，经常怀疑自己的能力。因此，成功的体验特别有助于他们产生自信心。赞扬孩子，能帮助他培养乐观主义的生活态度，让他相信自己的潜能，凡事做出积极的选择。

那么，如何让孩子获得成功的体验呢？一个简单有效的方法，就是把孩子做对的事情从平凡的生活中挑出来，并加以鼓励和表扬。

听到这里，或许有的父母会说："我怎么就是发现不了孩子的优点呀？我总是觉得孩子一无是处，怎么夸奖他呀？而且，一表扬他不就骄傲了吗？"其实，有这种想法的父母是在用一种挑剔的眼光看孩子。

在一般情况下，父母们常犯的错误是：当孩子做对某些事情时，觉得是理所应当的；而当孩子不小心犯错的时候，就觉得孩子不努力，不是好孩子，因而大发雷霆。

当然，并不是说父母挑剔完全不对，关键是看挑剔的是什么。如果你“挑出”的全是孩子的缺点和短处，那么你传达给孩子的肯定是消极的信息。但当你“挑出”的是孩子的优点的时候，你自然会肯定孩子、赞扬孩子。所以，父母最应该做的，就是从平凡的生活中把孩子做对的事情挑出来。

最重要的是，父母给孩子的夸奖必须是具体的，越具体越好。如果你只是敷衍地对孩子说“你真聪明”“你真棒”，孩子听了以后会觉得很茫然，不知道自己到底好在哪里，也不知道自己怎样才能变得更好。而且，对于大一些、已经有了思考能力和判断能力的孩子来说，他们可能会觉得父母的话很虚伪，这样的话也不会起到太大的作用。也许有的父母会问：“到底什么才是孩子做对的事情呢？”

其实，所谓“做对的事情”，是相对于孩子的目标而言的。比如，孩子完成了自己设定的目标，或者有进步了，哪怕只是比上次多考了几分，这对于孩子来说，也是一个进步。父母不能因为孩子考试不及格就训斥孩子，而是要看到孩子的进步。如果父母总是拿自己的孩子跟别人家的孩子比，就很难发现孩子的长处。因为“别人家的孩子”是一个由很多人组成的群体，当中总会有人比你的孩子强。这个时候，父母就会很失落，就会觉得孩子没有可以夸奖的优点。下面我们来看一个校长爸爸的例子。

成功教育法，教孩子选择成功

上海市闸北八中是一所初中，曾有“垃圾学校”和“差生集中营”之称。该校所处的地区在20世纪80年代曾经是有名的“三高三低”地区，即犯罪率最高、离婚率最高、下岗工人比例最高，人均受教育年限最低、每万人大学生比例最低、每万人科技人员比例最低。该校生源特别差，留级率达到了38%。

但是，自1987年刘京海校长主持开展“成功教育”的实验至今，闸北八中已经成为一所名校。该校毕业生合格率达100%，平均成绩稳居全区中上水平。最令人惊讶的是，该校的学生几乎都是低着头进来，昂着头出去，充满自信地走向未来。所以，教育部曾将该校作为素质教育的典型向全国推广。

刘京海原本是上海市闸北区教育科学研究室主任，后担任了闸北八中的校长，他可以说是全中国做“差生”研究最有成就的人。

他曾对我说：“反复成功的孩子越来越好，反复失败的孩子越来越差。因此，‘成功教育’就是变反复失败为反复成功。失败固然是成功之母，但是，成功更是成功之母！”

说着说着，他激动起来：“人是怎么生活的？靠自我概念！你认为自己是个好人，你才会像个好人一样去生活；如果你认为自己是个坏人，你便会像个坏人一样生活。所以，教育的第一要义就是让孩子相信自己是个好人、是个能人!”

当“成功教育”实验在闸北八中取得阶段性成功之后，闸北区教育局派刘京海到闸北区中兴路第二小学具体帮助指导小学的“成功教育”研究。

刘京海赞成这个决定，因为他从大量研究中得出一个重要的启示：一个人的反复失败往往是从小学开始的，而且十岁左右即小学三、四年级是“差生”产生的高峰期。

因为“差生”频频出现，中兴路第二小学校长贺玲凤邀请刘京海过去讲课。刘京海幽默地说：“三、四年级的家长会是怎么开的?有些老师说，一、二年级狗熊、英雄分不清，三、四年级开始分清了。于是，师生与父母纷纷瞪大眼睛找狗熊，结果发现，狗熊越找越多!”

教师们会意地笑了起来。的确，这样的说法不知流行了多少年了，却头一回听到质疑的声音，他们感到贴切而又刺激。

“十岁左右是自信心形成的关键期。此时，产生自信或自卑的自我概念，将会影响到人的一生。”

“为什么十岁即三、四年级几乎成了一道坎呢？一般来说，小学一、二年级和毕业班师资较强，三、四年级师资偏弱，而此时的教材难度又增加了，孩子们的心理也趋于复杂……”

刘京海下班回家，妻子施月芳却阴着脸，说：“你还研究差生呢，你的宝贝女儿都快成差生啦!”

原来，妻子刚去女儿的学校开完家长会。刚上小学三年级的女儿，学习成绩从班级前六名降到了倒数第十名。因此，老师又着急又生气，把施月芳说得无地自容。

刘京海听呆了，自言自语道："天哪！我的女儿也成狗熊啦！"

"谁是狗熊？女儿成了差生了，咱们全家都是狗熊！"妻子嚷了起来，语气中带着怨恨和委屈。

刘京海定了定神，说："老婆你放心吧，妹妹的事我立下军令状，一定能让她成功。"

"妹妹"是上海方言，指自己或亲友的女儿。

刘京海向妻子承诺的瞬间，他回忆起了自己在家庭教育当中的失误。

女儿上幼儿园时，回来总是哼着歌，什么歌都唱。一天，刘京海正在家里写作，思路不顺，听歌也烦。他说："妹妹，你唱的歌不好听！"

谁知，就这么一句话，竟然断送了女儿成为一个小歌唱家的可能，女儿从此再也不在家里唱歌了。这个教训成了刘京海永远的痛。

这天晚上，刘京海让女儿拿出数学卷子，逐题分析，问她会不会做，发现女儿都会。他一脸笑容地说："妹妹多聪明呀，没有一道题可以难倒你，只要有信心和细心，成绩一定好！""可我才得了82分。"女儿依然没有信心。父亲说："考试是测试你会不会的。你都会了嘛，我给你100分！"

女儿兴奋起来。父女俩又看作文。这是女儿第一次写小作文，题目是《我可爱的玩具》，要求写出玩具的名称、具体玩法和效果。女儿得分很低，因为她没写出后两部分内容。

爸爸仔细看了几遍，惊叫起来："月芳，你来看呀，咱家妹妹是作文天才呢！""真的？"妻子疑惑地快步走过来看。只听丈夫大声说："我是特级教师，一眼就能看出学生的潜力。你看，妹妹这个开头多巧妙，语言多流畅！”

女儿虽然一句话也没说，但父母的反应让她信心大增。妈妈愣愣地说：“可老师给分不高嘛。”

爸爸摇摇头，答道：“作文关键看才华，不看分数。妹妹绝对是作文天才！如果她仔细审题，把后两部分内容写出来，肯定就是范文的水平了。”

好多天过去了。施月芳又一次去学校开家长会。没想到，班主任一见到她就眉开眼笑地说：“还是你会教育孩子，你的女儿进步可大了，尤其是作文，几乎篇篇可以当范文了。”施月芳晕乎乎的，不知丈夫用了什么魔法，让女儿有了翻天覆地的变化。

刘京海说：“我发现一个成功的秘密。小学生的发展要怎样才有后劲？简单地说，就是男孩要加强文科教育，女孩要加强理科教育。”女儿后来的发展证明了父亲的观点。

在整个中学时代，在重点中学的激烈竞争中，她始终名列前茅。后来，刘京海的女儿以优异成绩考入复旦大学世界经济系。她的高考作文《文化的传承》被《文汇报》选登，是当年全上海七万多名理科考生中唯一获此殊荣的学生。

“成功教育”是闸北八中的创造，但不是闸北八中的专利。人人渴望成功，只要掌握了成功的秘诀，再平凡的人都可以获得成功。

孩子需要通过赞扬来树立自信心。作为父母，从现在开始换一种眼光、换一种思维看孩子，也许你会发现，你的孩子的确是很值得夸奖的好孩子。

好父母成功锦囊 VII

想要孩子养成好习惯，一个非常有效的方法就是让他有成功体验，因为自信心能够激励孩子自觉保持好习惯。

▼

那么，如何让孩子获得成功的体验呢？我教你一个简单有效的方法，就是把孩子做对的事从平凡的生活中挑出来，然后加以表扬。

▼

需要注意的是，父母给孩子的夸奖必须是具体的，越具体越好。

08 培养好习惯用加法，矫正坏习惯用减法

不知道你有没有这种苦恼，让孩子改掉一个坏习惯，实在是太难了！不仅如此，想让他养成好的习惯，更难！

大多数父母可能觉得，养成好习惯和矫正坏习惯是同一件事，需要同时完成。但实际上，这是两件事。

准确地说，让孩子养成好习惯和矫正他的坏习惯应该分步执行，循序渐进。具体该怎么做呢？用一句话来概括就是，培养好习惯用加法，矫正坏习惯用减法。

矫正坏习惯，切忌一刀切

为什么说矫正坏习惯要做减法？

在主编《少年儿童研究》杂志的过程中，我发现高寿岩老师总结了一个好经验，特约她做详细的介绍。高老师是北京师范大学毕业的心理学硕士，她把理论与实践结合在一起，指导一个亲戚改正孩子写作业拖拉的习惯。我们来看他们具体是怎么做的。

案例：

梓豪是小学五年级的学生，有个不好的习惯：写作业拖拖拉拉。明明是快则半小时、慢则一小时的功课，他每天都要写三小时以上。对此，母亲很伤脑筋。

梓豪的外公是教师，暑假的时候给梓豪补课，他发现梓豪的反应很快，但是不专心，往往写几分钟就起来东走西走，每小时至少五六次。就这样，一小时的时间差不多一半用在了闲逛上面，难怪要用那么长时间完成功课。

为此，母亲想出了各种办法，专门抽出时间陪梓豪写作业。可是梓豪每写几个字必须围着屋子溜达一圈，即使有时候在母亲的强压下不能起身，勉强埋头写作业，可是只要母亲一离开房间，梓豪立刻我行我素。再者，母亲不能每天都专门陪读，所以梓豪的毛病一直没有改正。

分析：

梓豪写作业，已经养成不能专心的习惯，要他写作业时不起来走动实在不容易。儿童的不良行为，若是属于初犯，可以运用忽视、不直接做出反应的方法来削弱。但事实上，真正初犯就被注意到的不良行为很少。多数是出现好多次以后才被发觉。这些长期养成的不良行为，父母或老师发现、求助的时候，已经相当牢固。可是一般父母或老师往往忽略这个关键因素，恨不得情况马上改善。因此，他们会把儿童所要改善的不良行为的标准定得很高、很严格、很硬性，疾恶如仇，半点儿也不通融，形成双方对立的尖锐形势。在面临此种情境时，运用区别强化的策略非常有效。

方案：

A. 母亲与梓豪约法三章，如果梓豪写作业时每小时能减到三次之内的离座次数，就可以允许他看电视，否则就禁止他看晚上六点钟的动画片（因为晚上六点钟的动画片对梓豪非常有吸引力，是梓豪每天必看的）。结果，第一个星期梓豪有三天达到标准，三星期以后可以完全做到。

B. 等梓豪能完全做到每个小时离座不超过三次的标准时，再把标准依次提高到两次、一次。就这样，三个月以后，梓豪终于改掉了写作业拖拉的坏习惯。

梓豪妈妈的这个办法，就是在做减法，用更专业一点儿的话说，这种方法叫“区别强化”。

什么叫区别强化呢？咱们可以通过分析梓豪妈妈的做法来理解。梓豪妈妈并没有一上来就强制他——写作业的时候，必须好好坐在座位上，一步也不许动，而是顺应了他这个毛病，稍微提了点儿不难办到的要求。这是非常明智的，因为梓豪写作业拖拉已经是老毛病了，大人发现的时候，已经很顽固了，不好改，也不能硬改。如果父母强行要求他立即改掉，或者定很高的标准，他很可能会产生强烈的逆反心理，和父母对着干。

所以，要想治好梓豪的这个老毛病，把他的偏差行为给矫正过来，父母就不能想着一蹴而就，而应该采取渐进的方式，分阶段逐步让他减少偏差行为的发生次数，直到他的偏差行为完全消失。这种策略就是区别强化，有需要的父母今天就可以尝试起来。

不过我想提醒你，对孩子采取区别强化的时候，要注意以下三点：

1. 选择适宜的标准。

应用区别强化的方法，首先要选择适合我们所要减少的行为标准，才能显出最佳效果。例如，对于写作业，每小时有一次走动是正常的，所以，没有必要把标准定成零次。如果我们不希望儿童的某种行为存在，必须完全消除，例如骂人，那么就可以采用零次区别强化的方法。

2. 强化物要专一。

对于不良行为的纠正，强化的来源最好只有一处，否则就没有效果。例如，梓豪的强化物是对他非常重要的晚上六点钟的动画片。假设梓豪在晚上九点可以看到同样的动画片，那么晚上六点钟的动画片就没有强化作用，改善行为的动力就没有了。还有一点，强化物必须是儿童非常喜欢、强烈想要得到的东西，如果换成那些可有可无的东西，效果就差远了。

3. 耐心坚持，才能有所收获。

区别强化的方法所要改正的行为出现次数较多，已经成为习惯，因此需要采用渐进的方式，逐步要求儿童递减不良行为的次数。这需要坚持和耐心，冰冻三尺，非一日之寒，父母不能希望这些坏习惯在一夜之间踪影皆无。有了这样的思想准备，才能看见孩子的进步，才能坚持到底，有所收获。

真正的教育是自我教育，真正的控制是自我控制。孩子就这样慢慢地变化了，一想到一个小时只能站起来三回，他就会慢慢地控制自己，并用争取晚上看动画片来激励自己。

就这样，经过三个月的训练，这个孩子终于养成了专心写作业的好习惯。

这是一个成功的案例，高老师的指导科学有效，梓豪妈妈的实际操作也非常到位。我从她的成功经验中，总结出了习惯培养的基本方法：培养好习惯用加法，改正坏习惯用减法。你想让孩子养成什么样的好习惯，就千方百计让他的好的行为不断地出现，出现的次数越多，好习惯养成得越牢固。正如一位教育家所说的，培养习惯就像缠缆绳，每天缠上一道，用不了多久，缆绳即习惯就会变得牢不可破。而要改掉坏习惯呢，不可能一刀斩断，需要递减法和奖惩法，我们可以借鉴这个做法，给孩子一个可以接受的过程，让他们慢慢地把坏习惯改掉。

习惯培养是实践性极强的教育艺术，自然需要尽可能多的实用方法。坏习惯就和毒瘾差不多，一定要用递减法去矫正，只要他的坏行为出现的次数比原来减少，就可以容许他甚至奖励他，一次比一次少，直到坏习惯变成好习惯。

我相信，父母和教师只要有爱心和恒心，完全有希望培养出孩子的良好习惯和健康人格。

培养好习惯，记得做加法

首先，好习惯的培养一定要趁早。从零开始，好习惯会越来越好。我们来看一个故事。

> 1988年1月18日至21日，75位诺贝尔奖获得者在巴黎聚会，以“21世纪的希望和威胁”为主题，就人类面临的重大问题进行研讨。
>
> 会议期间，有人问一位诺贝尔奖获得者：“您在哪所大学、哪个实验室学到了您认为最重要的东西呢？”
>
> 这位白发苍苍的获奖者回答：“是在幼儿园。”
>
> 提问者愣住了，又问：“您在幼儿园学到了些什么呢？”
>
> 科学家耐心地回答：“把自己的东西分一半给小伙伴们；不是自己的东西不要拿；东西要放整齐；吃饭前要洗手；做错了事情要表示歉意；午饭后要休息；要仔细观察周围的大自然。从根本上说，我学到的全部东西就是这些。”

这段对话是耐人寻味的。

真正的教育都是潜移默化的。正如前面提到的那位诺贝尔奖获得者所说，他的成功得益于幼儿园时养成的良好习惯。从幼儿园学到的基础的东西，直到老年时还记忆犹新，可见留下的印象是非常深刻的。这说明从小养成的良好习惯会伴随人的一生，时时处处都在起作用。

儿童时期，特别是幼儿园和小学期间，是一个人养成良好习惯的关键时期，也是最佳时期。

著名教育家叶圣陶说："什么是教育，说得简单一点儿，教育就是培养习惯。"所以说，父母的首要任务就是培养孩子良好的习惯。

有一个叫董晨晨的女孩子，小学毕业后，考入了北京市的一所名牌中学——东直门中学。她到学校以后，各方面表现都很出色，很受老师和同学们的喜欢，于是当了班干部。

有一天，老师正忙着批改作业，还要准备发给学生父母们的信，就跟董晨晨说："你到我的办公室去，打开我的抽屉，然后拿出章来。咱们把这些信给盖上章，好吗？"可董晨晨却两手空空地回来了。

老师奇怪地问："你为什么不去呀？"董晨晨说："我去了一趟，发现办公室里没有人。"老师说："没有人，你打开我的抽屉把章拿出来就是了。"董晨晨说："老师，我觉得在老师不在的时候，打开老师的抽屉是不好的。"

老师马上就明白了，特别感动，想不到这个学生竟有如此良好的教养。

实际上，这是一个非常好的习惯：在主人不在的情况下，不能随便打开主人的抽屉，翻动主人的包。这个女孩子为什么能够很自然地做到这些呢？

也许是得益于她小学时所受到的教育。董晨晨是从北京市府学小学毕业的。府学小学非常重视良好习惯的养成，是“少年儿童行为习惯与人格的关系研究”课题的子课题学校。学校曾经教育孩子动别人的东西前一定要经过主人的许可，而且当主人不在的时候，更不能去打开、翻动主人的东西。所以说，小时候养成的习惯是很重要的。

其次，好习惯的培养要从细微处着手，从点到面，才能逐渐取得理想的效果。

父母希望在孩子小的时候培养良好习惯，但具体该怎样做呢？培养习惯要从细微处着手。

你是否发现有的孩子写字姿势很难看，拿笔的姿势不对，扭着身子写字？写字姿势不对，字体难看，一旦成为习惯就很难改正。你说坐正，他坐正了不会写，这就是忽略了他最初的训练的后果。所以说，儿童的教育要讲细节，要从细微处着手进行训练。我们要从一点一滴、从细微处着手培养孩子良好的习惯。

有不少孩子都有个不好的习惯：吃饭时要看电视。很多父母觉得不要紧，只要孩子愿意吃饭就行，并不加以干涉。事实上，孩子一边看电视一边吃饭，不利于食物的消化吸收，同时也会分散孩子的注意力，影响进食速度。

孩子养成良好的饮食习惯，对保证孩子膳食平衡和营养供给十分重要。而父母在早期如果注意让孩子养成良好的饮食习惯，也能避免后期再去费力纠正。以下几点建议供父母们做参考：

1. 父母要以身作则，给孩子树立好榜样。幼儿最善于模仿，父母的行为对幼儿的影响很大。父母自身饮食的好习惯，是对孩子最好的熏陶。例如：坚持饭前洗手，饭后漱口；吃饭时不看电视；不吃野生动物，也不吃来路不明、存在质量安全隐患的食品等。

2. 避免在饮食上溺爱孩子。孩子许多挑食和偏食的坏习惯可能与父母的溺爱有关。例如，只给孩子做他喜欢吃的食物，而忽略了膳食平衡，同时又盲目给孩子补营养品，造成孩子营养过剩。所以，在避免孩子挑食和偏食方面，父母要保持耐心和决心，让孩子明白挑食和偏食是不好的行为，也是不被允许的行为。

3. 不要在餐桌上教训孩子。餐桌训子害处多。医学研究表明，人的情绪与胃酸分泌及胃的消化功能密切相关，情绪低落时进食不利于身体健康，所以父母要避免在餐桌上训斥孩子，而要让孩子感觉到吃饭是生活中的一件乐事。

再次，在习惯培养中要特别注意第一次。

老子说："一生二，二生三，三生万物。"一切都是从"一"开始的。

比方说，你带着孩子去商场买东西，就要做好思想准备，孩子看好这个东西了："妈妈，我要这个。"孩子不会管价格和实用性，你说不行，东西不好，孩子可能就会耍赖："不，我偏要！"而且怎么哄都不行，拽着你的裤腿死活不走了，甚至躺在地上打滚。

天哪，全场的人都看着你，你觉得丢死人了，但这就是较量。这个时候就是关键的时刻，有些父母受不了，说："好了，起来，给你买。"你给他买了，麻烦就来了。孩子取得了胜利，认为哭闹很有用。孩子今后就会频繁使用这个法宝，只要他想要就给你闹，你不给，他就躺在地上打滚。

面对这种情况，你该怎么办呢？

我的建议是，首先，出家门的时候要跟孩子约法三章：今天我们到商场去只买什么东西，其他东西不能买，不能随便提出要求。把规矩定好了，问孩子同意不同意，同意咱们就去，不同意你就待家里。这是第一步。

到了商场里，孩子可不管你刚才的什么约定，看到好的他就要，不给就打滚，怎么办?

你可以在孩子耳边说这个东西不值这个钱，咱们家不能买。悄悄地告诉他这番话，孩子如果不听，你就走，坚决地走，不回头。然后，在一个能保证孩子安全的地方，等候、观望。

你走的时候速度不要太快，这个时候孩子跟你之间真是在较量啊。他实际上是一边闹一边看你有什么反应，看你是不是真走了。有的父母真走远了，孩子一看没戏了，爬起来跟着就走，这时候你就胜利了。

好父母成功锦囊 VIII

父母需要明白，养成好习惯和矫正坏习惯是两件事，分开进行，才不会给孩子太大压力。

▼

培养好习惯要做加法，在孩子还是一张白纸的时候就早早开始，然后不断帮助他增加好习惯。培养好习惯要从细微处着手，从点到面，才能逐渐取得理想的效果。

▼

改掉坏习惯要做减法，不能一刀斩断，要给孩子一个可以接受的过程，让他们慢慢地把坏习惯改掉。

09 兴趣班不是孩子的兴趣，怎么办

这一章我们要讨论的，是很多父母乐在其中却让孩子苦不堪言的一大问题：给孩子报兴趣班。

据《人民日报》（海外版）等媒体报道，中国教育学会曾经公布一组调查数据：2016年，中国中小学辅导机构市场规模达到8000亿元，参加课外辅导的学生规模超过1.37亿人。按照上述数据计算，参加课外辅导的学生人均辅导费大约为5800元。而中国教育学会公布的家长调研数据更显示出这一市场依然极具潜力：31.6%的家长表示“给孩子报辅导班不管花多少钱都愿意”，还有26.6%的家长“愿意拿出家庭可支配收入的一半用于孩子的课外辅导”。由此，可以看出家长对于课外辅导费用有着较高的支付意愿。

有一次，我在广州讲课。台下坐满了中小学生和他们的父母。我发现很多孩子懒洋洋的，提不起精神，就问他们：“你们看起来好像很累呀？”同学们抢着回答：“我周末上了四个班呢！”“那算什么？我上了五个呢！”仔细询问后，我发现台下的大部分同学周末两天都要参加三到六个兴趣班，其中有绘画班、钢琴班、小提琴班、奥数班、舞蹈班、速算班、跆拳道班、书法班、形体班，等等，五花八门。于是我问：“你们愿意去这些班吗？”孩子们异口同声地喊道：“不愿意！”

面对孩子们的抱怨，父母们说出了他们的苦衷：“别人的孩子都学，我们不学哪儿行啊！”“现在的竞争太激烈了，孩子要是没有特长，进重点中学就太难了。”也有父母表示，他们让孩子学点儿特长并没有功利目的，只是想让孩子自娱自乐，丰富生活。对此，我有四个建议。

别让兴趣班毁了孩子的兴趣

《中国教育报》曾经刊登了一篇名为《小提琴夺走了我的童年》的文章。作者川子虽然已经长大成人，但提到童年的经历，心情依旧难以平复。

> 大约从我上小学三年级开始，父亲开始了他的“育才计划”——英语、日语、书法、小提琴……我的童年从此改变。
>
> 我出生在一个小城市，那时各种学习班还没有那么多，所有课程的讲授均由父亲来完成。其实，有些他也不懂，只是在教育子女方面，他跟大多数父母一样，都是那么自以为是。
>
> 记得那时我每天早上五点就被揪起来，开始跟他读两小时的外语，然后才是跟其他孩子一样，背起书包开始一天的学校生活。如果说外语、书法仅仅算是“加码”的

话，所谓的业余爱好——小提琴，对我来说不啻于一场噩梦。之所以这样说，是因为它根本就不是我的爱好，完全是父亲的爱好。和很多父母一样，他把自己的爱好与梦想强加给我，夺走了我童年的欢乐。

由于条件所限，那时的我甚至没有一把适合自己的儿童琴，直接用成年人的琴练，这对我的臂力以及下颌是个严峻的考验。记得那些年的暑假，我每天要练琴八小时，开学后也是同样，因此挤掉了我几乎全部的课余时间。

在父亲看来，若我放学后不做点儿什么就是浪费时间。那时，父亲天天挂在嘴边的就是“不能荒废了时间”。随后是参加各种各样的演出，获得这样那样的荣誉，父亲的虚荣心从中得到了极大的满足，对我的要求变本加厉，稍有懈怠，随之而来的就是拳脚暴力。与别的孩子相反，那时的我最害怕放学和放寒暑假，至少在学校里，我还可以轻松应对，但回到了家，我却要为那个不属于我的业余爱好付出我的汗水和眼泪。这种状况一直持续了六年，直到我进了高中，住了校，才暂时得到了解脱。

……

川子在文中还提到，她上了大学以后再也没有碰过小提琴，因为一看到它就会回忆起那段痛苦不堪的日子。她提到与父亲之间感情淡漠，提到长久的暴力对她性格的影响。在文章的最后，川子对父母们说了一句意味深长的话：孩子不是你们的私有物，请让孩子做他们自己想做的事情。

现在的孩子应该比川子幸福，因为父母为他们提供了更好的成长环境。但令很多人不解的是，现在的孩子却和川子一样并不快乐，究其原因，就是孩子被当作父母的私有物，无法做自己想做的事情。我想真诚地对千千万万的父母说一句：放开手，让孩子自己走！你们会惊喜地看到，在自由的天空里孩子能飞得那么高、那么远！

尊重孩子的兴趣，发挥孩子的潜能

父母应该明白，孩子再小也是独立的个体，人只有被尊重才会自信自强。所以，发展孩子的特长要考虑他们的兴趣爱好，询问他们的想法，尊重他们的决定。

我曾经听过有个孩子抱怨说："《还珠格格》续集里有知琴、知棋、知书、知画四姐妹，各有各的专长。妈妈只生了我一个女儿，所以我只好'四位一体'，琴棋书画全要学，真是悲哀！"

毫无疑问，孩子有自己的专长是必要的。在现代社会，一个人一点儿专长也没有是难以立足的。可是，怎么发现孩子的潜能，怎么培养孩子的特长，却是大有学问的。

清华大学著名经济学教授魏杰曾在一次讲座中，讲述了他的成长经历：

我刚上大学的时候，学习的并不是经济学，而是中文。那个时候，学习中文是很多年轻人包括我在内的理想。可是大学刚上了一年，我就觉得有点儿不对劲，越学越发现自己并不适合搞创作，自己的兴趣在经济学上。这时，我做出了令很多人惊讶的决定——向学校申请改学经济学。

后来，魏杰在经济学领域取得了一些成就。在谈起当初的选择时，他讲到一个很有趣的故事：

北京有个很著名的地方，叫公主坟，这是北京最繁忙的交通枢纽之一，每天从这里经过的人不计其数。据说台湾作家琼瑶路过此地，对公主坟这个名字很好奇，后来听人说乾隆皇帝的一个公主葬在这里，因此得名。于是，琼瑶就这个线索产生灵感，创作了红遍大江南北的作品《还珠格格》。是啊，每天经过公主坟的人那么多，可是写出《还珠格格》的只有琼瑶一人。我完全没有琼瑶那样的灵气，要是继续学中文，估计是没有出路的。

其实，孩子的潜能是千差万别的，要尊重他们的特点和兴趣，不能全以父母的喜好和判断来定。当你给孩子报特长班的时候，问问自己，有没有征求过孩子的意见？这是不是孩子真正的兴趣？这个决定是不是急功近利了？咱们不能把孩子当作一团泥，随便地捏来捏去，而是应该放手，让孩子自塑形象，这样，他们的人生才会更精彩。

每个孩子都有自己的特点，面对各有特点的孩子该怎么办呢？我的建议是四个字：扬长补短。千万别压抑孩子的长处。

有的父母说："孙老师，我孩子学习差极了，就爱画画，不要命地画，我恨死了，就把他的画收起来，不许他画画，必须得学别的。"

我说："你可千万别这么做，你的孩子能感到快乐的大概就只有画画了。你把画画从孩子生活中消灭掉，你就把孩子的希望给灭掉了，你真的要如此狠心吗？你得说：'画画好，我们要想方设法支持你画画。'要永远让他想坚持就坚持下去。他别的学得再差，你都不能阻止他画画。如果你明知道他的某些方面是短板，或者不排在前面，甚至排在后面，你就不能指望他拔尖。你可以这样跟他讲：喜欢画画是好事，可以坚持下去。但为了升学，你需要学习数学，我知道你学数学有些困难，只要你尽力了，达到一般的水平，或者努力让它比原来好一点儿，就可以了。总之一定不要让孩子有过大的压力。"

研究发现，压力越大的孩子越不能好好学习，不要以为压力就一定会变成动力，过大的压力会让人产生绝望、失败的感觉，从而影响到远大的抱负和信心。我们教育孩子的前提是了解孩子，了解孩子之后，再采取扬长补短的策略。对孩子的弱项要多鼓励、多帮助，但是不能指望他能很快达到一个比较高的水平。

父母朋友可以做个实验，挑选出一些自己不擅长的事情，比如跳舞、唱歌或者计算。我要是给你提要求：你必须唱得好、跳得好、计算得好，你会有什么感觉？你一定会痛苦不堪。每个人都是靠长处成功的，不是靠失败和短处成功的。

所以我们作为父母，不要盲目跟风，人家孩子学什么，我家孩子就学什么。相反，我们要找到适合自己孩子的道路。只有按照孩子的天性去培养他，按照客观的规律促进其成长，他才可能获得幸福与成功。

这其实是一个很复杂的问题，三百六十行，行行出状元，这句话只对了一半。为什么我说它对一半呢？确实是有三百六十行，但是不一定非要人人当状元，这也是绝对不可能的。中国可有十四亿人口呢！有的孩子即使有擅长的一面，他也不一定会成为全国第一，更别说是世界第一，他也不需要这个第一，他只要做得比较好，为社会所需要，能够发挥自己的潜能就够了。

事实证明，人只有在自己感兴趣的方面发展，人生才会有幸福的感受，路才能走得更远。

培养孩子的特长，父母千万不能太功利

由于中小学名校录取率有限，为了能在激烈竞争中胜出，许多小学生甚至幼儿被迫参加更多的培训班，以增加应考时的砝码。

中小学生参加培训班，有的是为了得奖，从而在升学录取中加分；有的是迫于父母的要求而参加培训班；有的是因为没事干，为了打发时间而参加培训班；还有一些学生是因为别人参加了，自己

也只好去。

毋庸置疑，各类培训班能够在一定程度上满足学生提高能力、培养特长的需要，对丰富孩子的假期生活也有某些积极意义。但凡事有两面，有的时候，培训班则成了部分孩子的压力来源。

这不能完全怪罪父母，他们省吃俭用、不辞劳苦送孩子上各种特长班是为了什么？不就是为了让孩子发展得更全面、更优秀吗？毕竟，中国是一个优质教育资源相对贫乏的国家，对于很多无权无势的普通父母来说，他们要想让孩子进入重点中学，特长是块很好的敲门砖。熟悉内情的人都知道，如今很多重点中学在选招新生的时候，有特长也是一个重要的考核指标。

在理解父母的良苦用心和美好愿望的同时，也有必要提醒父母朋友，莫把苦心变苦果。培养特长是一把双刃剑，掌握得好，对孩子有益；掌握得不好，反而会害了孩子。

《珠江晚报》曾经刊登过一则新闻评论：

> 在湖北省武汉市举行的一次近4200名中小学生参加的题为“给我一点时间”的作文比赛中，超过70%的孩子选择了一个共同的题材——被妈妈逼着整天做功课，学习压力大。其中有孩子写道：妈妈是“母老虎”，自己每次出去玩总被她堵回来；妈妈是“变色龙”，自己考了满分她睡着都会笑醒，考差了就会大发雷霆；妈妈是“河东狮”，自己看一会儿电视她就会发作。这样的形容肯定是那些为孩子殚精竭虑的母亲所始料未及的。

该报评论称，母亲在孩子心中的形象被妖魔化了。被自己的孩子妖魔化，作为妈妈，谁都会很寒心。妈妈们可能会觉得委屈：都是为了孩子好，孩子为什么不领情？

我相信那些被自己孩子“妖魔化”了的母亲，不是不爱自己的孩子，只是面对现实压力时爱的方法有些失当罢了。要求孩子好好学习，陪送孩子参加各种补习班，要求孩子少看电视多看书，多在学习上花时间，这当然都是因为爱，是在激烈的社会竞争下为孩子的前途考虑。但是，反过来想，这样的爱是不是孩子真正需要的？这样带着功利的爱是不是本身就有问题？

兴趣不仅是最好的老师，还是人生中最富有活力的营养。兴趣的价值虽然很高，功利性却很低。在这里，我建议父母要以平和的心态看待特长班、兴趣班，不要以功利的心态影响孩子的学习热情，增加孩子的学习压力。

如果父母的初衷是为了让孩子多份爱好，多个调节生活的技能，那么就请注意，特长学习的快乐是在过程中，而不是在未来的结果中。应该让兴趣班和特长班成为孩子轻松、快乐的学习经历，而不是压力体验。

课外的时间，请还给孩子

不少父母认为，孩子在课余时间不做一些培养特长的事情，就是在浪费时间。其实，硬性要求孩子去上各种兴趣班，效果未必能够如愿。

有一名高二学生说，每次去上兴趣班，由于没有兴趣，他就敷衍了事。有时候，他会把学校布置的作业带到兴趣班上去做，甚至在兴趣班上跟同学互抄作业、看游戏书、聊球赛。

试想一下，这样的兴趣班难道不是浪费吗？这既浪费了孩子珍贵的时间，也浪费了父母的钱。学习负担过重的孩子难道不更需要玩耍放松的时间吗？要知道强迫孩子无休止地学习有悖于孩子身心健康发育的规律。

大人一定发现了，孩子经常喊累，这是因为儿童的大脑和肌肉发育尚不完善，肌肉力量和耐力都比成人差，因此会更容易疲劳。特别是手部的小肌肉群，不但发育较晚，而且控制其活动的神经机制成熟得也比较迟缓，因此要求孩子超负荷运转是不科学的。

关于中小学生每天用于课余作业的时间，教育部2008年特下发了《中小学学生近视眼防控工作方案》，要求保证小学生每天睡眠10小时，初中学生9小时，高中学生8小时。小学一、二年级不留书面家庭作业，小学其他年级书面家庭作业控制在60分钟以内，初中各年级不超过90分钟。

玩是孩子的权利，剥夺孩子玩耍的权利就是剥夺他们的健康权利。

我的朋友康健先生也十分支持孩子玩。康健是北京大学教授，并担任过北大附中校长多年。从儿子康康刚会走路到初中毕业的十几年间，康健每天都带儿子进行至少一小时的体育锻炼，几乎从未间断过。

长期的体育锻炼对康康的智力发展大有益处，虽然用在学习上的时间少于别人，但康康的成绩却总是名列前茅，原因在于他精力旺盛，听课专心，作业完成速度快。即使偶尔失利，康康也能很快调整心态，恢复自信。后来，身高一米八的康康成为清华大学物理系的学生，毕业后曾做过央视的体育节目主持人。

玩还是不可缺少的学习。在儿童眼里，一切都是游戏。孩子就是在游戏中不知不觉学会很多本领和技能的。我曾经向著名儿童文学作家严文井先生请教关于儿童玩与学的关系，他打过这样形象的比方：玩对小孩子和对小动物同样重要。所有小动物都没有上过学，但它们的本领是怎么学来的呢？是从玩中学来的。玩能锻炼它们的许多技能，这些技能关系到它们日后的生存。小猴子在树上跳来跳去，玩得不亦乐乎。可是有一天，当它遇到了围捕时，必须从一棵树跳到另一棵树上，跳过去是生，跳不过去就是死。那你说它在玩中学到的技能重不重要？玩是不是一种不可缺少的学习？我赞同严文井先生的观点，同时也需要指出，即使与学习没有太多关系的玩，也是有价值的。

玩是孩子永远的动力，是创造的萌芽，是积极主动的学习。因为玩是从兴趣出发的，是全身心投入的，是无拘无束的。玩的本质是探索，世界上许多伟大的发明创造，都与孩子的玩耍有关。

所以，父母应该保证孩子的休闲玩耍时间。休闲玩耍是孩子的权利，玩耍是一种开放性的学习，孩子在玩中不但能减轻紧张的学习压力，放松心情，还可能培养出真正的兴趣，甚至会激发出宝贵的想象力和创造力。所以，给孩子休闲玩耍的时间很重要。

好父母成功锦囊 IX

兴趣班不是孩子的兴趣，该怎么办？如何在家长的期望与孩子的兴趣、特长之间寻求平衡？让兴趣班真正有益于孩子，一定要注意以下四个原则：

第一，别把孩子当作私有物，用自己的兴趣毁了孩子的兴趣；第二，尊重孩子的决定，让孩子去选择适合自己的特长发展；第三，千万不能太功利，要努力让兴趣班成为孩子轻松、快乐的学习经历；第四，除了学习，休闲玩耍对孩子也很重要。

10 怎么和青春期的孩子相处

和青春期的孩子和谐相处，特别需要父母带头养成尊重的习惯。

我曾开玩笑说：“谁家有个青春期的孩子，谁家就有一颗不定时炸弹。”这话虽然有点儿夸张，但孩子进入青春期以后，父母都能切实地感到紧张。因为孩子大了，有秘密了，很多话不愿意和爸爸妈妈说了，并且随时都可能与父母发生冲突。

我非常能理解父母这时候的紧张。做父母的有一个共同的心理，都希望自己的孩子像个水晶人似的，透明的，一看就放心。但是孩子越大越不透明，越大秘密越多。这下大人就急了，就怕自己不了解孩子，所以好多爸爸妈妈会去偷看孩子的日记和手机。我想告诉你，担心是正常的，但没必要打着“了解孩子”的旗号去窥探他的秘密，这样的行为，十有八九会破坏你跟孩子之间的关系。

那么，如何正确看待孩子有秘密这件事，不让它成为你的心病呢？

秘密是孩子成长所必需的营养品

有的父母会觉得，孩子有了秘密是件非常可怕的事情。殊不知，秘密是孩子成长的营养品，没有秘密的孩子长不大。孩子成长的过程就是走向独立的过程，他们开始脱离对父母的依赖，不再像过去那样向父母袒露一切，而是有了自己的小秘密。这些秘密是孩子成长的伴随物。独自享有秘密，独自面对某件事情，对孩子来说也是一种责任。儿童时期，秘密会使孩子的生活变得很神奇。有学者甚至认为，没有秘密就没有儿童时代，秘密是儿童成长的催化剂。

我知道，仅仅这样说，你不可能真正放心，那我就用一个案例来告诉你，许多孩子的秘密其实特别单纯美好，真不值得你日夜操心。

我有个朋友是出版社的资深编辑，她跟我分享了她和女儿的故事。她女儿房间里的抽屉总是上着锁，钥匙还自己保管。作为母亲，她肯定会好奇，但她一直是个很守信用的母亲，从来不乱翻女儿房间里的东西。

直到女儿上高三，有一天她送女儿去学校，路上女儿发现有件重要的东西忘在家里了，就请求妈妈回家帮忙取一下。女儿那件东西就锁在房间的抽屉里，分开前女儿把钥匙给了妈妈。

我这个朋友拿到钥匙以后，心里是有点儿小激动的，因为那么多年了，她从来都不知道女儿的抽屉里到底有什么。但抽屉打开之后，她看着里面的东西，竟然心酸了。原来女儿的抽屉里根本没有任何可以算是秘密的东西，就只是一些从前她送给女儿的物品，比如手镯、画片什么的。那次的经历让她明白了，女儿多年来保护、捍卫的“秘密”是多么单纯又美好，根本不值得她担忧。相反，她希望女儿能一直保守这个秘密，无论女儿长到多大，这块“秘密花园”都能陪伴、慰藉女儿的心。

这个故事让我深受触动，我这位朋友因为养成了尊重孩子的习惯，即使她知道女儿有秘密，也没有因此去追问、去探究，让这个秘密成为母女之间的障碍。这说明她是一个真正尊重、信任女儿的母亲。你看，让孩子有一点儿自己的小秘密不是挺好的嘛，父母犯得着为这个操碎了心吗？

有人可能会这样反驳我："如果孩子的秘密都这么美好，父母当然不用操心啦！可万一他真的藏着一些不好的秘密怎么办？父母可不得想方设法地了解清楚，防止他走上歧途啊！"

你这种担忧很有道理，孩子的秘密的确可能包含着某种危险，但你作为孩子的父母，应该最了解他的个性和为人，孩子的秘密有没有危险，你也应该能判断得出来。如果你很确定孩子的秘密是危险的，父母作为监护人，当然有权干涉，但这种情况是极少数。事实上，**绝大多数的孩子都只是保有一些孩子气的秘密，这个秘密就是他们成长路上的一个小空间，孩子们需要这样的一个空间来独自面对和处理一些事情。**秘密意味着孩子要独自面对和承担一些事，这意味着一种责任。

像对待成年人一样对待青春期的孩子

以前，我访问过太多被父母剥夺了隐私的孩子。有个初中女生跟我说："孙老师，你知道吗？我们家都是爸爸妈妈的领土，我没有地方可以藏身。你知道我的日记放在哪儿吗？我的日记都藏在褥子底下，每天上学揪一根头发丝放在日记本中的某一页里，放学回来我就看头发丝动了没有。”还有孩子对我说：“孙老师，你知道吗？我妈妈可贼呢！老偷看我的日记。怎么办呢？我就写两本日记，一本日记专门写豪言壮语，那就放在比较好找的地方，妈妈一看满意了，就会认为我很上进，很阳光。其实我还有另外一本日记呢！”

我真替这些孩子觉得累，每个人都有秘密，这是再正常不过的。而这些孩子为了捍卫自己的隐私，不得不和父母玩起“猫捉老鼠”的游戏。归根结底，这还是父母和孩子之间的信任出了问题。那么问题来了，为什么青春期的孩子总是和父母“互相伤害”呢？他们之间最基本的信任去哪儿了？

这个问题要从孩子身上找答案。孩子的成长有一个特点，就是过了十岁、即将步入青春期的时候，他们和父母的关系突然就不再亲密了。心理学解释了这种变化：孩子在十岁以前，处在崇拜父母的阶段，幼小的他们把父母视作英雄；到了十岁以后，二十岁以前，则会进入轻视父母的阶段，觉得父母这不对、那不对，所以这时候的孩子就会叛逆；当孩子到了二十岁以后，随着阅历和经验的增多，他们就会慢慢地理解父母。咱们重点看十岁到二十岁这个阶段。

孩子进入青春期后，对亲子关系的需求也逐渐转变，他们不再像小时候那样仅仅满足于吃饱穿好，满足于父母的轻声抚慰和关心。对于处在这个时期的孩子而言，亲子关系发展为一种成人与成人之间的友谊式的关爱，他们渴望平等并且实在的帮助。这就需要父母调整关心孩子的角度，用平等的视角来对待孩子，有时候将“师父领进门，修行在个人”的教养方针用在这个时期的孩子身上，效果会更加明显。下面这个例子中的妈妈对上高中的儿子的爱就很成熟，并且能够促进孩子的成长——

我的儿子一直偏科，他酷爱数理化，讨厌文科，历史成绩一直很差。每次被历史分数拖后腿的时候，他都会很沮丧：“那些死记硬背的东西，简直就是对我智商的侮辱！”

事实上，为了学好历史，我为他请了家教老师，甚至还给他制订了诵读计划，陪着他早起背书……然而效果依旧很不理想。

有一天，我无意间读到了钱穆先生《八十忆双亲·师友杂忆》一文。文中，钱穆回忆自己小学老师的一段话让我陷入了深思：“时体操课学步德日，一以练习兵操为主。伯能师在操场呼立正，即曰：须白刃交于前，泰山崩于后，亦凛然不动，始得为立正。遇烈日或阵雨，即曰：汝辈非糖人，何怕日。非纸人，何怕风。非泥人，何怕雨。怕这怕那，何时能立。后余亦在小学教体操课，每引伯能师言。”

钱老在这位老师的教导下不仅锻炼了身体和意志，也纠正了对于这门课程的偏见。于是我开始思考，一直以来我们“头痛医头，脚痛医脚”的办法，看来并未解决儿子偏科的症结。也许，儿子一直学不好历史等文科，是他对学科存有认识偏差，没有发现这些学科本身的魅力。而此刻，我最应该做的，就是帮他找到能够传递学科魅力的老师！

据说，钱穆的这位小学老师是一名舍监，也就是我们今天所说的宿舍管理员。看来，我要找的这个人，并不一定要有“特级教师”之类的名头，也不必在乎他是否深谙教育行业。只要这个人对历史学科本身有激情、有热爱，还能够生动活泼地将其表达出来，便足够了！

我开始翻起名片夹和电话簿，脑子也飞速搜索起来。

终于，我想到了大学时代认识的一名图书馆管理员。其貌不扬的他一直从事着普通的图书管理工作，但是他非常热爱这份工作。

那些年间，当我为了考试而整天泡在图书馆里的时候，他则利用工作空余时间捧着一些泛黄的古籍，虔诚地读着。

“你为什么这么认真啊?”我曾经好奇地问他。

他说：“历史这个东西啊，就像个神秘的黑洞。我每天一闭上眼睛，就在想这些问题，所以看书做笔记，一点儿也不觉得累。”

从那时到现在，已经过去二十年了。我抱着试一试的心态，打电话给母校图书馆。得知他已退休之后，我又请学校的离退办帮忙将我的手机号码转给了他。

我一直在祈祷，希望这个老人愿意帮助我，主动联系我。

老人的电话来得非常快。电话中，他高兴地邀请我和儿子去他家玩。

“没想到你在二十年后还记得我！”见面后老人哈哈大笑，“如今我的眼睛不行了，看不了书了。但是一想到图书馆，想到你们这些我在图书馆中认识的朋友，我就觉得自己还挺年轻的……”

就这样，我们再一次见面了。

儿子一进到爷爷的房间，就吐了吐舌头：“妈妈，这么多书啊！要看几辈子才看得完！”

老人和儿子亲切地聊起来，很快话题就转到了历史上。老人问儿子这周的历史课在学些什么？

儿子说：“鸦片战争。”

老人问：“你有没有想过，假如鸦片战争的时候中国人不反抗，会发生什么事情？”

儿子说：“不反抗就是挨打呗，老师就这么教的。近代史就是可歌可泣的反抗史……”

老人笑眯眯地说：“假如我有足够的证据证明鸦片战争的时候，中国和英国的实力相差极为悬殊呢？打，也是输；不打，也是输。而且，如果中国也像日本一样，先签订条约，再忍辱负重，师夷长技以自强的话，是不是结果会更好？”

儿子说自己从来没想过这个问题，老人哈哈笑了起来。

老人说：“假如哪天你一觉起来，发现自己失忆了，你最需要的就是历史。历史可以让你知道自己身在何方，又为什么活着。历史还能告诉你，如何能活得更好……”

儿子听得好认真，从他的眼神里我读到他对老人发自内心的尊重。老人告诉儿子，要学好历史，一定要广泛地阅读。他还围绕着儿子这学期历史课上的重点内容给儿子开了一份书单：“一定不要为了记忆而记忆。假如你因为好奇而去涉猎群书的话，不知不觉中，你就记住了很多东西。”

儿子用力地点点头，他接受了老人的邀请——以后每个月都会找一天去和老爷爷聊聊天。

我给了儿子一笔基金，让他把老人列在书单上的书全买了回来。

我并没有催着儿子去读，他却津津有味地看了起来。当我催着他按时睡觉时，他说：“再看一小会儿，老妈，老爷爷说得很对，其实历史并不是我之前以为的那么枯燥。你看，每个史家对同一个事件的记录和理解都有差别。我很希望知道真相，并且告诉别人！”

我在心里暗暗向老人竖起了大拇指，看来，他的一番话让儿子开窍了。

——选自《少年儿童研究》2013年第13期《寻找帮助孩子发现学科魅力的人》，作者：耶雅亿

如何与青春期的孩子深度交流，尤其是改变孩子偏科的毛病，这些都是父母的难题。这个妈妈之所以做得好，就是因为养成了尊重孩子的习惯。与孩子交流就像对待成年人一样平等，而不是自上而下地教导。

与青春期孩子的沟通，特别忌讳絮絮叨叨，这个母亲独辟蹊径，带孩子去拜访一位痴迷历史的图书馆管理员，将孩子引入一个神奇的世界。母亲的做法激发了孩子对真实历史的好奇与尊重，孩子心甘情愿地喜欢上过去厌恶的历史课，愿意每月拜访老人学习历史知识。由此可见，父母有了与孩子平等交流的意识，才可能拿到开启青春期孩子心灵的钥匙。

与孩子保持美的距离

在科技发展日新月异的今天，人与人之间沟通的工具和渠道越来越多，但父母与孩子间的交流却越来越少。

《辽沈晚报》曾刊登过孩子利用暗号和父母“斗智斗勇”的新闻。

> 沈阳市的一个爸爸发现，女儿在跟同学电话聊天时，说了一些“223”“VVG”“状态信号3”等他听不懂的暗号，后来几经打听才了解到，“223”是“笑”的意思，“VVG”是英语“very very good”的缩写，而“信号3”意思是“信号满格，状态很好”。也有父母表示，自己曾经想加入孩子的QQ群，却被层层阻拦，要回答一系列的问题或暗语，根本没有办法进去。

通过新闻报道我们可以发现：一方面，父母想要了解孩子的内心世界，却缺乏良好的沟通渠道；而另一方面，孩子设置重重障碍保护自己的隐私和成长空间，避免父母的渗透。

之所以出现这种情况，一方面是因为许多父母没有意识到孩子已经长大，自己的教育方式没有及时转变，而孩子划界限的行为让他们有些惊慌；另一方面，孩子也不能理解父母的苦心，用叛逆的行为来宣告自己已经成人。还有，有些父母跟不上孩子和时代发展的节奏，对新鲜事物不能接纳，从而与孩子有了隔膜。

不过从心理学家埃里克森的理论看，青春期的孩子渴望从对父母的依赖关系中解脱出来，而这最直接的表现就是对父母的叛逆和远离。孩子长大的过程，同时也是远离父母的过程，他们所表现出来的叛逆也是一种成长，父母只有理解了孩子成长的特点，才能给孩子独立的空间和成长的机会。

青春期的孩子同时也需要父母的关注和爱护，他们虽然经常会故作坚强，其实内心还是会迷茫和脆弱，父母也不能因为孩子表面的快乐，而忽视他青春期的烦恼。

现在的孩子学习负担重，自由支配的时间少，加上父母的严格管束，使得他们和同龄人面对面交流的机会少之又少。因此，打电话、发短信、玩微信成了被关在家里的儿童与同龄人沟通的唯一途径，他们自然热衷于此。通过打电话、发短信、玩微信，孩子们彼此分享欢乐、分担忧虑、守护秘密，享受着与同龄人交往带来的轻松和自然。在这个过程中，只要父母养成尊重孩子的习惯，保持父母责任的不缺位，哪怕以后科技发展日新月异，也不会成为冲击孩子教育的洪水猛兽，反而会成为他们成长路上的有益补充。

十岁之后，用尊重和倾听的方式爱孩子

国际上一般将十至二十岁视为人的青春期阶段。在这个时期，亲子关系的建设重点也要有所转变，无微不至的悉心照料和问候可能引发逆反期孩子的反感，破坏已经建立的亲子关系。在这个阶段，父母处理与孩子之间的关系最重要的原则是尊重，尊重的方法之一是要学会倾听。

孩子的叛逆往往是他长大的需要，叛逆过程中有莽撞的成分，但往往也有合理的东西存在。倾听孩子为什么这么做，让孩子学会

表达，然后帮助孩子分析。家里养成民主的氛围最有利于孩子成长。比如，有的孩子上了中学后不愿意听父母当面说教。这个时候，父母可以试着给孩子发短信，或者写信。另外，有关孩子发展的事情特别要尊重孩子的选择，凡是孩子能做的事情，父母不要替他去做。

教育孩子的前提是了解孩子，了解孩子的前提是尊重孩子。没有尊重很难有好的教育。而且对孩子的理解，一定是要站在他们的角度上去想问题，千万不要用成年人的思维去推断。

小芸上初中二年级，妈妈发现原来乖巧听话的女儿现在对父母的态度逐渐强硬。以前对于父母讲的道理还会有选择地听从，现在更多的时候却是不屑一顾。不仅如此，小芸的妈妈还发现女儿现在的对话技巧也越来越“高明”，在反驳父母观点时往往会引经据典，振振有词：“这是书上说的……”“这是老师讲的……”“这是网上查的……”父母每次都被女儿气得哑口无言。

初中的孩子为什么喜欢采取与父母对抗的态度呢？

一方面，孩子进入青春期后，父母的权威下降，同伴的影响力上升，父母的观点不容易被孩子认同。初中的孩子，思维方式开始转变，喜欢表现出更多的怀疑与争论。还有就是网络时代的到来，使现在的孩子如鱼得水，他们在信息捕捉和收集方面比父母更加灵敏，但由于缺乏深思熟虑和深刻体验，他们会对流行的信息持执着和偏激的态度。这些都会让他们在与父母的对话中显得针锋相对。

美国宾夕法尼亚州立大学的南希·达林教授和琳达·考德威尔教授对美国、菲律宾、意大利和智利等国家的青少年做了大量研究，发现十一岁的孩子对父母权威的逆反远比十八岁时大，而这种逆反在十四岁左右达到顶峰。96%的青少年会对父母撒谎，而他们隐瞒父母最多的三件事就是饮酒、吸毒和性行为。这个研究或许可以说明，相对于高中生，初中生的叛逆更为强烈，更需要引起父母的注意。

那么，父母应该如何做呢？

第一，父母要尊重孩子的成长特点，转变教育方式。与青春期孩子沟通的重要原则是尊重，但这个原则常常被父母忽视。很多父母往往会觉得："我的孩子养这么大了，突然变得不听话，这是不可容忍的。"实际上，孩子长大的过程也是远离父母的过程，父母需要去理解，并采用平等、尊重的态度与孩子交流，这样更容易与孩子建立沟通的渠道。

第二，父母要学会与孩子一起成长。当今时代处于日新月异的发展中，这个时代也是两代人相互学习、共同成长的时代。当孩子不断成长时，父母也要注意提高自身的素质和修养，有时甚至可以以孩子为师，向孩子请教时尚潮流、科技知识等问题。孩子从与父母的交流中找到了共同的话题，获得了成就感，就会更愿意和父母交流，也会更愿意听从父母的建议。

第三，父母需要与孩子一起制订规则。有些父母特别害怕孩子的叛逆行为，往往对孩子过度宽容，但许多孩子反而会认为父母这么做是因为对他们不在乎，甚至可能通过惹是生非来引起父母的注意。这时候，制订规则不失为一种有效的方法，当然，制订的规则并不是越多越好，父母对孩子的控制越强，孩子越可能感到无奈。在孩子小的时候，经常是父母为孩子定规矩，其实，最好的方式是与孩子共同制订规则，因为孩子参与制订的规则自己也比较愿意遵守。

父母可以在孩子发展的关键方面，与孩子一起讨论制订一些规则，并约定双方都要自觉遵守。在孩子生活的其他方面，父母更要积极支持孩子行使自主权。

第四，父母要学会适当让步。青春期的孩子可能会经常与父母争吵，但争吵不一定都会伤害亲子关系，许多孩子认为争吵是了解父母的方式，可以有机会听到父母的观点。孩子与父母争吵的频率与激烈程度并不重要，重要的是争吵如何结束。如果孩子发现在争吵结束后，父母做出了适当的让步，自己的心声被父母听到了，那这场争吵就不会伤害亲子关系。

但如果父母一点儿都不肯让步，矛盾就会激化。所以，聪明的父母会适当让步，比如孩子想去吸烟或喝酒，父母当然要劝阻，同时允许孩子去买一件原来不准买的东西，孩子会更容易接受这个结果。

好父母成功锦囊 X

青春期的孩子就像一颗不定时炸弹。孩子进入青春期后，父母都能切实地感到紧张。怎么和青春期的孩子相处呢？我的建议有四点：

第一，父母要明白孩子的许多秘密是成长所必需的营养品，帮孩子守护秘密；第二，父母要及时关注孩子的心理变化；第三，与孩子保持美的距离；第四，十岁之后，要用尊重和倾听的方式爱孩子。

11 该不该让孩子去寄宿学校

北京的李女士和爱人一个在部队服役，一个是公务员，平时照顾不上孩子，也不能按时到校接送，于是就把孩子送进了寄宿制学校。常先生一家在北京，女儿上小学，每天上下学需要在昌平区和西城区之间来回奔波，耗时耗力。为了能让孩子上一所好学校，大人也能正常上班，常先生将女儿送进了学校的寄宿班。

像李女士、常先生这样对寄宿制存在客观需求的家庭不在少数。

据调查，小学生寄宿的原因大致有四类：第一类是离家远，节省孩子上下学在路上花费的时间；第二类是父母工作忙或是家里有老人需要照顾，无暇顾及孩子；第三类是单亲家庭，或是父母没有照顾孩子的能力；第四类是专门为培养孩子的自理自立能力与习惯，让孩子学会与他人交往，学会适应外界环境。有些初高中生的父母则是看中了某些升学率高的寄宿制学校，想把孩子送进去。以上的情况我都能理解，但我的意见是：过早开始寄宿生活对孩子的发展是极为不利的，如果情况特殊一定要去，父母需要做好足够的心理准备。

我这么说，有的父母可能要反驳我了：寄宿制学校能锻炼孩子的独立能力啊，还能让孩子尽早地适应集体生活。这些观点大家并不陌生，但是作为教育研究者，我想提醒各位家长，孩子十二岁前能否与父母建立亲密的依恋情感是健康成长的关键，我们应该全面地考虑到上寄宿学校可能给孩子带来的其他问题。

越小的孩子 越不适合寄宿生活

择校是每个家庭的大事，这件事的核心永远是孩子。虽然掏学费的人是父母，但真正要去上学、去一个新环境里度过几年的，终归是自己的孩子。所以，如果你有这个念头，我想提醒你提前考虑清楚以下两点。

第一，**寄宿学校的封闭式管理，很可能会给孩子带来一些心理问题，而且年龄越小，这个可能性越大。**

教育专家尹建莉曾经在《中国教育报》发表文章明确表示：孩子在上大学前都不应该寄宿。如果把孩子与父母隔绝开来，就可以锻炼出很强的自理能力——按照这样的逻辑，孤儿院的孩子受到的早期教育应该是最好的。事实上，在孤儿院长大的孩子大部分有一定程度的心理问题。

她举了一个自己观察到的案例：有一次朋友聚餐，一对事业有成、中年得子的朋友带着五岁的儿子。据说，那孩子三周岁就被送进北京市非常有名的一家幼儿园全托，自己会洗袜子、内裤，睡觉起床都很自觉。孩子看起来很聪慧，非常乖，坐在妈妈旁边默默地吃饭。那天一起吃饭的另外两个五六岁的小朋友一会儿就混熟了，吃完饭就跑到旁边的沙发上玩儿去了。而这个小男孩一会儿爬到妈妈怀里，搂着妈妈的脖子缠着妈妈，一会儿爬到爸爸怀里缠着爸爸，看起来十分忧郁又烦躁，不说话，也始终不肯下地和小朋友玩儿，看得出内心有强烈的不安全感。

尹建莉还回忆道："我女儿圆圆上初中时读的就是一所寄宿制学校，当时我们作为父母对孩子寄宿存在的问题认识不清。把一个十岁的孩子抛给学校，一周才回一次家，不良影响是显而易见的。尽管圆圆是个主动化解问题的孩子，可那三年是圆圆状态最不佳、我在教育上感觉最力不从心的三年。三年的寄宿生活，至今仍给圆圆留下一些负面的东西。现在想来真是后悔。"

尹建莉之论实乃痛心之言。许多父母实际上是被寄宿生活的表面结果迷惑了，孩子似乎懂事了，自立了，有好习惯了，等等，但孩子内心情感的缺失以及心理成长的滞缓却被忽视了。

如果父母不顾孩子的意愿，强行把他送到寄宿学校，可能并不能让他很好地适应集体生活，反而早早地体会了不安全感。从这一点上来说，有点儿得不偿失，所以我建议，至少在小学阶段不要送孩子去寄宿学校。

第二，寄宿学校可能存在学生之间矛盾突出的现象，一旦孩子不幸成为受害者，后续的影响可能是终身的。

为什么寄宿学校的人际矛盾现象值得注意呢？我们可以从这两方面来思考：学生父母和学校。

根据我的观察，什么样的父母最可能把孩子往寄宿学校里送呢？要么是忙事业顾不上孩子的，要么是望子成龙心切的。很多忙于事业的父母，为了既解脱自己又给孩子创造更好的学习生活条件，青睐寄宿学校。而望子成龙的父母，可能更在意孩子学业上的表现，除此以外的其他因素，他们不是非常在意。这么一分析你就能明白，寄宿学校的孩子大致也分为两种：一种是从小和父母相处的时间少、有些缺乏父母关爱的孩子；另一种就是一心只扑在学习上的孩子，他们明白父母对自己寄予的期望，除了好好学习，坚决不惹事。而根据我多年的走访和案例分析，这样的集体组合确实比一般的走读学校更可能出现人际关系矛盾甚至霸凌的现象。

在我的报告文学集《16岁的思索》中，有我对电影《失踪的女中学生》女主角，中学生刘禹的采访实录。她说：

> 小学时我进的是寄宿制学校。那儿主要收外交官的孩子，全班就我一个人的爸爸妈妈是普通工人。有些同学把我从头看到脚，问："你是走后门进来的吧？"我很受刺激。但是，老师喜欢我，我是大队长，连续几年都是"三好学生"，又经常有演出任务。那时候，可真要强啊！当"三好学生"必须体育达标。为了保住这荣誉，我拼命练爬杆，腿都磨出了道道血痕，还是爬呀爬。每个节目的角色，我都努力争好好演。因此，我的戏特别多。当我兴高采烈地演出归来时，忽然发现同宿舍的女生都像是变成了陌生人，四个女生全不理我。有时候干脆把我关在门外。她们还经常找我的碴儿，丢了个橘子，说我偷了。少了根针，说我拿了。那一年多呀，我尝尽了孤独的滋味。

寄宿制生活之所以存在矛盾冲突，主要是因为学生与父母的情感依恋没有建立好，甚至缺乏安全感，所以会增加攻击性或畏怯感，其根本原因在于家庭生活与家庭教育的缺失。

当然，总有一些家庭情况特殊，万不得已只能送孩子进寄宿学校。那就需要分析一下什么样的寄宿学校会好些。你可能想问：如果多花点儿钱，尽可能让孩子进一所好的寄宿学校，是不是就能放心一点儿呢？好的寄宿学校当然会重视对学生全方位的关爱和培养，不过你得考虑清楚，这个“好”的标准是什么。

如果你认为的好学校，就是肯花重金在硬件设施和升学排名上下功夫的学校，那就没有找对“好”的标准。我建议你更多地去关注这所学校的师资配备，了解一下学校的日常生活。还有一点是很多父母没考虑到的，就是看看这所学校的心理咨询室是不是常开着，是不是有专业负责的心理咨询师，而不只是摆设。好的寄宿学校，通常会更注重孩子们的心理健康。所以说，如果你真的准备把孩子送去寄宿学校，一定要提前了解这些。

过好寄宿生活的小诀窍

如果因为种种客观原因，父母不得不将孩子送进寄宿学校，这些孩子除了会遇到学习上的种种不适应，还将遇到许多新的问题。那么，父母应怎样帮助孩子适应寄宿生活，让其健康成长呢？

首先，**培养孩子的自理能力与习惯。**培养孩子独立生活的能力是一项长期、细致、烦琐的工作，需要各方面的配合。父母要有正确的观念，相信孩子，大胆地让孩子自己动手操作，以积极的言语肯定孩子的每一次进步，从而让孩子的生活自理能力有所提高。具体来说，可以让孩子自己的事情自己做，并且帮忙做一些简单家务，同时让孩子去规划自己的学习、娱乐与承担家务的时间。在孩子做到时，要加以鼓励和肯定。但同时也要注意：不能娇惯孩子。

有一次，我在辽宁讲课。在讲课的时候，旁边管电源音响的师傅也在那儿认真地听。课后他说："孙老师，我跟你说啊，你今天讲得太好了，我真是惭愧啊。我儿子五年级了，现在都不能在学校里解大便。"我问他原因，他说："他不会擦屁股。"居然有这样的事，五年级的孩子不会擦屁股，因此上了学就憋着，放学回家再解大便。这样久了，孩子生理上也会产生问题，他老憋着，不敢运动，连最基本的生活能力都没有，以后他还怎么参加远游活动啊！

你要是娇惯孩子、放纵孩子，孩子就会变得越来越无能。越是无能、越是生活能力低下的孩子，他就越容易自卑。自卑的孩子就会没有朋友，大家就瞧不起他，这就出现一个恶性循环。什么样的孩子在同学当中有威信呢？会玩的，办法多的。当然，我们不是说非得争做头儿，但是孩子一定要学会生活，并且碰到问题能够解决。

其次，**增强孩子的安全意识。**孩子在学校寄宿，父母不可能每天都陪着，但可以跟孩子多讲讲怎样注重安全的问题。只有父母们重视了这个问题，孩子们才能重视这个问题。父母要告诫孩子，对陌生人必须有一定的防范意识，并且教会孩子正确使用一些基本的电器。

我朋友的孩子吴某在湖南长沙一所寄宿制学校读中学。也许是绑匪认为寄宿制学校的学生家里都有钱吧，所以暗暗寻找机会下手。一天晚上，吴某在校门口玩，突然被陌生人绑架了。他开始很惊慌失措，慢慢地，他冷静下来，因为他想起爸爸教他的“遇事先冷静”的处事原则。于是，他装作很顺从的样子，跟着绑匪走。在路过一家饭店时，吴某突然冲了进去，大喊“救命”却无人理他，因为大家都不知道发生了什么。他急中生智，将饭店里一堆碗推到了地上，这一下子，饭店里的好几个服务员跑过来抓住了他，送到经理面前。事情闹到这一步，绑匪不敢过来，悄悄地溜走了。吴某说出实情，打电话叫来妈妈赔钱，并且感谢饭店工作人员帮助自己脱险。这个案例说明，父母教会孩子生存本领是多么重要。

再者，培养孩子与人交往的能力与习惯。这种能力与习惯主要是从生活的实际体验中获得的，所以父母需要在日常生活中给予孩子这方面的练习，给他一些人际关系的教导。例如，鼓励孩子多和伙伴接触，给孩子交友的自由，培养孩子广泛的爱好，增强其自信心，教孩子学会倾听，让孩子学会以理服人，等等。

或许有人会问，孩子在网络上结成的友谊是否能缓解他们内心的孤独？是的，网络上或许也能结交朋友，但这种友谊不能完全替代现实生活中的友谊。现实生活中的交往是通过视觉、触觉、听觉等多种方式共同实现的，这对更习惯直观形象思维的孩子来说是最适合的，也是安全和有益的。相比之下，网络交友不仅受到多种限制，还有难以识别的陷阱。因此，明智的父母应当鼓励孩子更多地去发展现实生活中的友谊。

父母需要告诉孩子，虽然电话、短信、微信方便高效，但它不能代替面对面的人际交往，它只是沟通的辅助手段。现代生活需要丰富的情感交流，一个善于面对面交流的人，会有更强的社会适应能力。机器只是人类的工具，不能让机器主宰我们的生活，我们不能沦为机器的奴隶。

当代少年儿童其实很渴望友谊，但很多孩子不会与人交往。与人交往是一种能力的锻炼，父母有义务精心培养孩子的这种能力。比如，针对低年级的孩子，父母可以鼓励他们一起做游戏，或到某个同学家生活几天；针对高年级的孩子，可以组织旅行或社团活动。总之，为孩子创造尽可能多的群体交往机会。

另外，让孩子学会转移注意力。克服思家情绪，最好的办法就是转移注意力。学校里会安排一些活动，促进孩子们相互交流，淡化他们的思家情绪。父母也应该有意识地做一些这方面的工作，比如鼓励和引导孩子多结交朋友。有了朋友，生活自然变得多姿多彩，快乐起来，想家的念头也就会逐渐淡化了。

当然，对于上寄宿学校的孩子的父母来说，最重要的还是及时与孩子交流沟通。住校生一般一周只回家一次，与父母的沟通有限，所以学校、父母、孩子三方加强交流十分重要。如有可能，最好一周接孩子回家两次，或者与孩子经常保持微信、短信、电话等方式的交流沟通。假如把孩子往寄宿学校一送，就像甩包袱一样不闻不问，那自然是会产生问题的。父母在繁忙的工作之余要尽量抽出时间，到学校找任课老师和生活老师了解孩子的具体情况。

此外，父母在工作日缺位的与孩子间的亲情交流，在周末时完全可以尽情补上。吃饭时一起聊聊这一周各自的生活趣事，睡觉前讲故事，一起出外游玩……不要只顾着给孩子吃好穿好，更不要逼孩子上各种周末课外班，多听听孩子内心的快乐和烦恼。

好父母成功锦囊 XI

到底该不该把孩子送到寄宿学校呢？孩子十二岁前能否与父母建立亲密的依恋情感是健康成长的关键。

▼

越小的孩子越不适合寄宿生活。如果因为种种客观原因，不得不将孩子送进寄宿学校，也要等到孩子上初中或高中的时候，但一定要在父母和孩子都充分了解、权衡利弊后再做决定。

▼

将孩子送进寄宿制学校之后，则需要特别重视与孩子的沟通交流，尽可能弥补孩子与父母分离的缺憾。

12 六步法养成终身好习惯

儿童教育要以培养健康人格为核心目标，而良好习惯的养成是培养健康人格的重要途径，也是幸福人生的根基。

什么是习惯呢？《现代汉语词典》是这样定义的：“在长时期里逐渐养成的、一时不容易改变的行为、倾向或社会风尚。”

古人说：“少成若天性，习惯如自然。”意思是说，小的时候养成的习惯会像人的天性一样自然、牢固，甚至干脆变成你天性的一部分。以至于后来取得的成功、创造的奇迹，很多时候都是由小的时候形成的习惯所支撑的。

自2001年至2010年的十年间，作为中国青少年研究中心研究员和副主任，我一直在主持少年儿童习惯研究课题，即教育部的全国教育科学“十五”规划课题——“少年儿童行为习惯与人格的关系研究”，后来接着做全国教育科学“十一五”规划课题——“少年儿童自我管理习惯培养及其社会适应的关系研究”。我们的研究认为，良好行为习惯的养成对儿童健康人格的发展具有积极的促进作用。2016年，我的《习惯养成有方法》一书由浙江文艺出版社出版；2019年，我的48集音频节目《9个好习惯成就孩子一生》在喜马拉雅上线，这是我关于习惯研究的初步总结。

研究与实践表明，好习惯是儿童能力的重要生长点，儿童自幼养成的某些好习惯往往能转化为某种能力，而能力的形成，则需要以一些良好的习惯为基础。

教育家叶圣陶对此的论述非常精辟。他说:“走路和说话是我们最需用的两种基本能力。推广开来,无论哪一种能力,要达到了习惯成自然的地步,才算我们有了那种能力。不达到习惯成自然的程度,勉勉强强地做一做,那就算不得我们有了那种能力。”因此,“通常说某人能力不强,就是某人没有养成多少习惯的意思。譬如说张三记忆力不强,就是张三没有把看见的听见的一些事物好好记住的习惯。譬如说李四发表力不强,就是李四没有把自己的思想和感情说出来写出来的习惯。习惯养成的越多,那个人的能力越强。我们做人做事,需要种种的能力,所以最要紧的是养成种种的习惯。”

良好的行为习惯一旦形成,就成为人的一种稳定的行为方式,成为人的第二天性,在人的一生中发挥重要的作用。少年儿童如果养成了一系列做人、做事和学习方面的基本的良好行为习惯,就会终身受用,成为自身可持续发展的重要力量源泉。

父母和教师都希望孩子养成好习惯,并且期盼良好习惯缔造健康人格。那么,具体该从哪里入手呢?

习惯对于人格的培养和优化能起到重要的作用,而习惯的培养也是有着科学的方法和步骤的。我们在十年的研究中,总结出了习惯培养的六个步骤。

习惯培养的第一步——激发动机

激发动机就是要引导孩子对养成某个习惯产生兴趣、认同感和信心。

儿童时期最好的教育莫过于养成良好的习惯。所谓的好孩子一定是有好习惯的孩子，所谓有问题的孩子一般都是坏习惯很多的孩子。一个坏习惯可能使人丧失良机，而一个好习惯则可能使人走向成功。我们可以和孩子一起分析成功或失败的案例，激发孩子改掉坏习惯的积极性，进而养成好习惯。

我们先看一个案例：2013年8月22日，《华商报》报道了一名高考考生因为走错考场，坐在缺考考生的座位考试，导致高考语文被记“缺考”，成绩记为零分的新闻。

二十岁的小雨是咸阳中学一名复读生。6月7日高考第一天，小雨本应在“文史类第一考场”考试，却因粗心跑到“单招综合类第一考场”，而考场的监考老师在入场检查准考证时也没发现。巧合的是，当天本应坐在该座位的考生弃考……这一系列的失误直到语文考试结束后才被发现，但为时已晚，小雨答完了一份错误的试卷。受第一场考试影响，小雨其他三科考得也不理想，三科总分才289分。

当天考完孩子发现答错试卷后，外公立即带着孩子向考点负责人反映，考点一负责老师记录情况后说要向上汇报，让小雨等待处理结果。事发后，招生办也立即停止了三名老师的监考资格，并向市招生办进行了汇报。6月25日，渭城区招生办做出回复称，“该考生语文科考试不按违纪处理，按缺考处理”，这意味着小雨的语文成绩为零分的事实无法改变，她再次与大学失之交臂。

上面这个让人感慨的事例告诫我们，每个人都需要养成认真检查和确认的习惯，否则就会有吃不消的苦头。对于一个学生来说，养成确认的习惯更会终身受益，例如，平时写完作业认真检查，考试的时候仔细审题，与别人的约定要牢记在心并落实，等等。这样的学生不仅学习成绩会好，为人处世也会受到欢迎。

有人会问，习惯到底是什么呢？习惯就是习以为常的行为，是一种稳定的自动化的行为，是经过反复练习而养成的语言、行为、思维等，它是人们头脑中所建立起来的一系列的条件反射。

俄国教育家乌申斯基总结得更深刻更形象：好习惯是人在神经系统中存放的资本，这个资本会不断地增长，一个人毕生都可以享用它的利息。而坏习惯是道德上无法偿还清的债务，这种债务能以不断增长的利息折磨人，使他最好的创举失败，并把他引到道德破产的地步。

习惯培养的第二步——明确行为规范

明确行为规范就是让孩子对养成某个良好习惯的具体标准清清楚楚。

北京市史家小学的一个男孩子上课时很调皮，把任课老师惹生气了，下课了，全班同学都埋怨他。这个小男孩很懊恼，就去找他的班主任孙蒲远老师寻求帮助。

孙老师做过四十多年的小学班主任，经验丰富，是名特级教师。她听了小男孩的话说："犯了错就认错还是好孩子嘛。那你准备怎么认错呢？"小男孩说："我去给老师赔礼道歉，再给老师鞠个躬。"孙老师说："鞠躬很好，会让对方知道你很有诚意。可是你会鞠躬吗？试一下我看看。"小男孩直挺挺地点了一下头。孙老师摇摇头说："这不是鞠躬，这只是点头嘛，点头道歉缺乏诚意。"那个男孩愣住了，因为长这么大，他从来不知道鞠躬与点头有什么区别。

这时，孙老师站起来，给小男孩演示怎么鞠躬：挺胸抬头，双手自然下垂，然后上身向下弯曲到与地面平行，这才是鞠躬。男孩虔诚地练习了多次，去给任课老师认错时果然被接受。

从孙蒲远老师的教育方法中我们可以看出，教育学生不光要耐心，还要细心，因为只有细致入微的指导，才能培养出真正的好习惯。甚至可以说，儿童成长离不开细节的指导。

习惯培养的第三步——适时进行榜样教育

中国青少年研究中心的调查发现，榜样的影响力在小学五年级达到高峰，偶像的影响力在初中二年级达到高峰。榜样教育的关键是让孩子对某个良好习惯产生亲切而向往的感情，从而获得养成好习惯的动力支持。根据北京师范大学2018年全国家庭教育状况调查报告，父母是孩子首选的偶像和榜样。

2020年2月4日，《北京日报》刊登了一篇题为《长大后我成了你！母女俩京汉千里共“战疫”》的报道，引发网络与现实生活中广大读者的极大关注。

> 驰援武汉的北京世纪坛医院急诊科护士刘宇航在接班之前，跟远在北京的母亲刘德芬视频通话，屏幕另一头的妈妈身穿白大褂，头戴圆帽，虽有口罩遮挡，但对女儿的关爱仍从眼角的笑纹中透露了出来。
>
> 说起自己的工作，刘宇航总是轻描淡写，但前辈们并不这么看。“她们真的很不容易。”很多医生告诉记者，在病房里，护士的工作往往比医生还要繁重。如果碰见需要紧急抢救的病患，医生和护士的体力消耗几乎没有差别，

可在对患者的日常护理中，护士才是真正顶在一线的人。她们与患者的接触时间也更长，风险相较于医生还更高。

马上要去上夜班了，刘宇航护士抓紧时间和妈妈通话。简短的对话，也基本都在提醒对方要做好自我防护。此时的她们，既是一对母女，也是一对师生。

回想刚刚接到自愿报名驰援武汉通知的那一刻，刘宇航的选择和十七年前抗击非典时母亲的选择几乎如出一辙。对于国家，她们选择了“召之即来”。刘宇航护士说，她要像妈妈一样，成为最前线的战士。

显然，十七年来，救死扶伤的医生妈妈以实际行动潜移默化，成了女儿刘宇航的偶像和榜样。

即使是中小学生崇拜的偶像，他们身上也具有榜样的因素，如果善于挖掘这些因素，使偶像逐渐变为榜样，就可能产生良好的教育效果。

儿童少年时代就是榜样时代，因为儿童少年的学习特点就是观察和模仿。当然，儿童少年的榜样和偶像并非都是名人，还有他们的长辈和伙伴。因此，让孩子从偶像和优秀伙伴身上学习某些好习惯，孩子将更自觉、更有动力，从而受益匪浅。

习惯培养的第四步——坚持不懈的行为训练

习惯养成需要坚持不懈的努力，孩子由被动到主动再到自动地去做某件事，才能养成某个良好习惯。

英国伦敦大学的研究发现，养成一个习惯的平均时间为66天。我们的研究发现，不同的行为习惯形成的时间也不相同，总之坚持的时间越长，习惯越牢固。

疫情发生以来，大家都体会到勤洗手的习惯是多么重要。举一个例子，孩子洗手就需要训练——不洗手就不能吃东西，只要是吃东西就必须先洗手。在孩子吃饭的时候，要先询问孩子："洗手了吗？"天长日久，孩子慢慢养成洗手习惯以后，就不用提醒了。就像成人早上起来就去洗脸刷牙，完全不需要提醒，这就是养成了习惯，形成了稳定的自动化的行为。

孩子的习惯养成有一个由被动到主动再到自动的过程，我们建议父母有意识地去训练，让孩子从小就开始养成一些良好习惯。比如，晚上睡觉以前把衣服叠好，把鞋子放好，同时把自己上学的书包有序地整理好。孩子刚开始不会，父母可以指导、演示一下，然后再恢复原样让孩子自己做一遍，孩子往往会很有兴趣，逐步养成这些习惯。

培养习惯需要持之以恒，开始的一个月是关键时期。过了这一个月，孩子就可能初步养成习惯，坚持下去，习惯就越来越牢固。

习惯培养的第五步——及时评估和奖惩

这一步的目的是让孩子在成功的体验中养成良好习惯。

在习惯培养的过程中，存在一个比较突出的问题，那就是如何评估孩子是否已经养成某种习惯。习惯的评价应该有其特殊性。在研究与实践中，我们发现情境测验、行为观察和人格特质测量是几种比较好的方法。

情境测验法是当代心理学中使用得比较广泛的一种研究人的行为方式的方法。习惯是一种自动化的行为方式或反应。一旦相同的或类似的情境出现，人们就会自然地做出同样的动作或表现出同样的行为。因此，我们可以在相似的多种具体情境中，通过观察某人的反应和行为方式，来判断其是否具有某种习惯。

行为观察法是在培养孩子养成某种习惯的过程中，对孩子态度的变化、语言描述的变化、情绪反应的变化、外在行为的变化、动作准确程度的变化和外在控制力量的强弱变化等，进行跟踪观察和记录，分析这些变化的过程就能对习惯是否养成做出评价。

研究表明，家庭和学校在习惯养成的评估方法上应以情境测验为主，因为在某种情境下的个体行为往往是“自动的”或“自然的”。

有的父母对孩子说：“假期到了，这个假期你要好好把握笔的姿势练好，开学前我要检查。”这种简单化的要求恐怕不行，孩子经常管不住自己，笼统的要求对他们难以起作用。因此，父母要把大计划分割成一些小计划，并与孩子一起评估计划的实施效果：今天做得好，可以奖励一颗小星星；七天都得到小星星，可以换一颗大星星；获三颗大星星，就可以获得实质性的奖励。这样，孩子每天都会知道自己是否进步了，并期待着明天可以继续进步。

深圳一所小学家校合作，培养一、二年级小学生自己整理书包的习惯，家庭负责指导和提醒，学校负责检查和评估。学校的评估方法简便有效，就是每天上课铃一响，让学生伸手把书包里相应学科的书本拿出来，放在课桌上。每节课都坚持这样做，逐层取书放书。显然，小学生要做到准确无误，就必然要每天晚上对着课表整理书包，逐渐养成有序摆放物品的好习惯。

对孩子最有效的奖惩是按照双方约定的规则来执行。当然，规则最好是父母与孩子一起讨论制订的，是双方充分认同的。

习惯培养的第六步——形成良好的环境

要让家庭环境、学校环境和社区环境成为孩子养成良好习惯的支持力量。2020年春天防控疫情的经历就是最好的证明，尤其是家庭与社区发挥了明显的作用。

我们培养孩子养成好习惯需要注意，一定要形成一个良好的环境，因为环境对人的影响是巨大的。比方说家里所有人都不能骂人，不管谁开口骂人，全家人都有权利去指责他，这就是好的环境。

在家里，当孩子在学习的时候，父母千万别打麻将或者玩牌。有的父母边哗啦哗啦打麻将边说：“儿子，好好学习啊，考北大，考清华。”在反差如此巨大的环境下，孩子的学习成绩往往难以如愿。

再比方说，有些父母老在家里看电视，一集接一集的肥皂剧没完没了，看得泪水涟涟。然后对孩子说：“别看电视，好好学习，写作业去。”这样的环境同样难以让孩子专心学习。

有个孩子曾经透露过父母看电视时自己的心态：父母看电视他不敢过去，他就把门开个缝儿，耳朵竖得尖尖的，用耳朵听电视，结果弄得自己身心疲惫，作业也没写好。人是环境的产物。父母可以选择孩子不在家的时候看电视，而当孩子学习的时候，父母最好把电视机关掉。家庭环境对孩子的影响很大，如果一个大人都控制不了自己的行为，那么这个家里的孩子更难以抵抗诱惑。

上海市嘉定区曹王小学学生余有源的父亲是开发区的一名保安，是进城务工人员，家庭居住面积较小。他家里经历了曲折的“看电视三部曲”。一开始，父母看无声电视，让孩子背过身去写作业，结果孩子虽然看不到画面、听不到声音，还是惦记电视节目，无法专心写作业。随后，父母改为晚上九点半孩子准备睡觉时才开电视，结果发现孩子东瞅一眼西瞅一眼，总是磨磨蹭蹭晚睡觉。最后，父母下定决心，周一至周四晚上彻底不开电视。这个父亲说，这件事情给全家带来很大的震动，它不仅改变了全家人的生活习惯，更改变了父母的教育观念，即教育孩子不光要说更要做，因为孩子用眼睛看着我们大人呢！

好父母成功锦囊 XII

习惯的培养是一门科学。那么习惯培养的原则是什么呢？是要了解和尊重孩子的独立人格。

具体的做法有六步：第一，要激发孩子养成某个习惯的动机；第二，明确该习惯的行为标准；第三，对孩子进行适时的榜样教育；第四，坚持不懈地训练；第五，及时评估和奖惩；第六，给孩子创造一个良好的习惯养成环境。